Johannes Kornacher

Duell der Dickschädel

Dramatik und Triumph am härtesten Rennen der Welt

Ein wahrer Roadkrimi

jokmedia

SPONSOREN

Winforce Swiss Premium Nutrition Schweizer Hersteller von Sporternährung im Hochleistungssport und im Extremsport. Sitz in Menzingen (ZG). www.winforce.ch

Solution Providers Management-Consulting-Unternehmen, berät Banken und Versicherungen strategisch und operativ. Sitz in Dübendorf (ZH). www.solutionproviders.ch

SFS Locher AG Hersteller für die Stahl und Metall verarbeitende Industrie, das Handwerk und das Bauhauptgewerbe. Sitz in Altstätten (SG). www.sfslocher.biz

Schneller Ritz und Partner AG Ingenieurbüro für Bauwesen und Umwelt, u. a. Wasser- und Verkehrswegebau. Sitz in Brig-Glis (VS). www.srp.ch

IBSA Institut Biochimique SA Pharmaunternehmen, spezialisiert auf u. a. Dermatologie, Pneumologie und Sportmedizin. Sitz in Pambio-Noranco (TI). www.ibsa.ch

Konzeption & Text: Johannes Kornacher, 8610 Uster
Gestaltung: Claudia Mahmoud, D-88131 Lindau
Lithos: Team Media GmbH, 6482 Gurtnellen

Herstellung: Fotorotar, 8132 Egg
Printed in Switzerland
ISBN 978-3-033-02280-5

FOTOROTAR

Danke an Fotorotar für die Unterstützung!

DANK

Dieses Buch ist das Ergebnis vieler langer Reisen: im Greyhound-Bus, in Träumen, auf dem Rad, in Gedanken, am Schreibtisch.

Mein Dank gilt:
Dani und Christian für Inspiration und Freundschaft, Claudia für Professionalität, Begeisterung und Geduld, Team Dani Wyss für Vertrauen, Martina für die Bildersuche, Swissteam RAAM 2008 für den Einsatz am härtesten Rennen der Welt, Patrizia für Support, Anne-Lea und Silja, Philippe, Pino und allen, die mir auf einer meiner Reisen geholfen haben, für Rad, Rat und Tat.

Dieses Buch widme ich meiner Mutter. Als ich zwölf war, sagte sie zu mir: «So wirst du ein Schriftsteller!» Ihr Ton war voller Überzeugung und Ermunterung. Jetzt konnte sie nicht mehr erleben, dass sie Recht hatte. So long, Päuli!

Lonesome Cowboy: Dani Wyss reitet
nach Osten, die Sonne putzen.

Das Race across America

Längstes Einzelzeitfahren der Welt

Kein Radrennen hat so viel Charakter. Es führt quer durch den amerikanischen Kontinent, über 5000 Kilometer, 35 000 Höhenmeter, durch vier Klima- und Zeitzonen. Es verbindet zwei Ozeane: den Pazifik und den Atlantik. Das härteste Rennen der Welt. Ein Klassiker mit einem Touch von Marlboro. Tausende von Radfahrern träumen davon, wenigstens einmal dabei zu sein. Das Race across America (RAAM) ist ein Rennen der Superlative im Land der unbegrenzten Möglichkeiten.

Das RAAM findet seit 1981 statt, einmal im Jahr, im Juni. Ein Start erfordert jahrelanges, hartes Training, einschlägige Rennerfahrung. Man braucht eine Crew, ein ordentliches Budget, eine robuste Gesundheit. Und vor allem einen starken Willen. Nur mit viel Training und Erfahrung, hoher Motivation und starkem Willen fährt man auch dann weiter, wenn man eigentlich nicht mehr kann. Oder glaubt, man könne nicht mehr. Das ist eine Überschreitung von Grenzen, die man auch anders erfahren kann, etwa Geld ausgebend in Shopping Centern oder wandernd auf dem Jakobsweg nach Santiago de Compostela. Ultracycler machen es jedenfalls lieber im Sitzen.

Doch dieses Buch erzählt nicht von der Selbstfindung durch die ultimative Herausforderung. Es handelt vom Spitzensport, von den besten Langdistanzfahrern der Welt. Sie wollen nicht nur ankommen, sie wollen gewinnen. Es geht ihnen nicht um Geld, sondern um eine Bereicherung, die man nicht in Zahlen ausdrücken kann. Die meisten sind sowieso Amateure. Ihr RAAM ist vielmehr der Kampf um Ehre, Triumph, Prestige vielleicht.

Doch für alle ist es zuallererst ein Projekt um Menschen. Keiner, egal ob Finisher oder Sieger, kommt ohne ein Team ins Ziel. Er würde nicht einmal die 350 km durch die kalifornische Wüste kommen. Es ist diese einzigartige Verbindung von elf oder zwölf Menschen, die sich auf das Ziel eingeschworen haben, dieses Rennen erfolgreich zu bestreiten. Erst dann kann man auch daran denken, es zu gewinnen.

Besonders ist auch, dass man immer unterwegs ist: die Athleten, ihre Teams (Crews), die Rennleitung, Medienleute, ja selbst die Fans. RAAM stoppt

ref	mile	turn		
TS05	**0.0**	**East**		continue on **SR 71 N**, right out of TS.
06A-L	**0.5**	**LEFT**		SS: **SR 89 N** toward Prescott, modern Texaco gas station on far r
	1.6		19.9	cross Martinez Creek, passing lane, start gradual climbing.
	9.0		12.5	top of Yarnell Grade.
	9.5		12.0	Yarnell, start gradual 12 mile descent.
	15.5		6.1	Poplar Wash, Peeples Valley, continue gradual descent.
	20.1		1.4	cross Kirkland Creek, start gradual climbing.
06B-L	**21.5**	**LEFT**		**Kirkland Rd/CR 10** toward Kirkland Junction. Leave SR 89.
06C-R	**25.9**	**RIGHT**		**Skull Valley Kirkland Rd** (just before RR tracks in Kirkland).
	32.1		16.9	Skull Valley cross RR tracks. Skull Valley Kirkland Rd becomes
	38.5		10.5	enter Prescott National Forest.
	44.6		4.4	Iron Springs
06D-BL	**49.0**	**LEFT**		TL/T: **Williamson Valley Rd** (first traffic light in Prescott) leave
06E-R	**51.4**	**RIGHT**		T: **Pioneer Pkwy**
06F-L	**55.6**	**LEFT**		TL: **Willow Creek Rd**
06G-R	**56.5**	**RIGHT**		**SR 89 S** toward Prescott!
TS06	**56.5**			TS 6, jct **Willow Creek Rd** and **SR 89.** Phone at Antelope Hills Inn on left corner before the turn.

Das Roadbook des RAAM – die Bibel im Pacecar.

nie. Es beginnt an einem Mittag am Strand von Kalifornien und endet am Yachthafen von Annapolis am Atlantik. RAAM ist der Marathon des Ultracyclings, das längste Einzelzeitfahren der Welt.

SOLOFAHRER UND TEAMS 1982 startete das erste Great American Bike Race, später wurde es in Race across America umbenannt. Damals traten vier Radfahrer gegeneinander an. Heute sind um die 200 Athleten am Start, Männer und Frauen. Inzwischen sind neben den Solofahrern auch Teams zugelassen: 2er, 4er und 8er Teams. Ein schnelles 2er Team braucht etwa sieben Tage, legt also pro Tag gut 700 Kilometer zurück. Die Teams, im Gegensatz zu den Solofahrern, bleiben im Idealfall überhaupt nie stehen. Einer muss immer fahren, die anderen ruhen sich im Begleitauto aus. 8er Teams fahren häufig in schnellen Vierer-Windstaffeln. 2009 setzt so das Team Type 1 in fünf Tagen und acht Stunden mit einem Schnitt von sagenhaften 23,38 mph (37,40 km/h) einen neuen Overall-Streckenrekord

Für viele ein unerfüllter Traum: Das RAAM ist ein Rennen mit Mythos und Charakter.

auf. Der Solorekord gehört offiziell Pete Penseyres aus dem Jahr 1986 mit einem Schnitt von 15,40 mph (24,64 km/h).

Egal wie viele am RAAM starten, die Ausfallquote (DNF = Did Not Finish) liegt seit eh und je bei rund 50 Prozent. Kein Wunder, wurde das RAAM 1993 von einer Sportexpertenkommission zum härtesten Rennen der Welt gewählt. Die anderen Kriterien waren Länge und Schwierigkeitsgrad der Route, materieller und körperlicher Aufwand sowie die mentale Herausforderung. Dabei wurde das RAAM mit 676 Punkten sogar noch anspruchsvoller eingestuft als die Einhand-Segelregatta Vendee Globe Around the World. Der Hawaii Ironman erhielt dagegen nur 67 Punkte, die Tour de France noch weniger. Ultracycling auf diesem Niveau, über diese Distanz mit einem solchen Schwierigkeitsgrad, wird also immer eine besondere Herausforderung für den Menschen sein.

Es gibt zahlreiche Geschichten und Anekdoten vom RAAM. Wir können sie hier nicht aufführen. Also gut, eine. 1994 geht die 34-jährige Seana Hogan mit derartiger Wucht ins Rennen, dass sie gleich am ersten Tag die männlichen Favoriten überholt. Das ist natürlich zu viel für die Männerehre, auch für Danny Chew. Doch bei ihm ist es eine besondere Kränkung. Denn er ist unsterblich verliebt in die Amazone und will ihr doch beweisen, was für ein Kerl er ist. Also jagt er ihr hinterher und holt sie irgendwann auch ein. Er sei ‹crazy› nach ihr, sagt er ihr, und er würde sie im Finish als Erste ins Ziel fahren lassen, wenn sie ihn heirate. Seana lehnt ab. Ihr Verlobter kann im Pacecar via Funk alles mithören und legt prompt Protest bei der Rennleitung ein. Man droht Danny mit einer Zeitstrafe, wenn er sich der Frau seiner Träume noch einmal nähere. Was er später verzweifelt und trotzig doch tut. Er bekommt eine Zeitstrafe von 45 Minuten aufgebrummt, wird nur Vierter, sie siegt bei den Damen. Und heiratet später den anderen.

STETE WEITERENTWICKLUNG Nun, seitdem hat sich einiges am RAAM verändert. Alles ist professioneller geworden und wurde verfeinert und optimiert. Die Siegerzeiten sind schneller. Heute hat man mehr Erfahrung im Ultracycling, effizientere Trainingsmethoden und Ernährungskonzepte. Entscheidend ist aber nicht, wer mehr trainiert und schneller fährt, sondern wer sich schneller in den kurzen Pausen erholt. Dazu schöpft man durch konsequentere Rennstrategien den zeitlichen Spielraum optimal aus. Was geblieben ist, ist der Kampf gegen die Schmerzen, den Schlafentzug, die mentalen und emotionalen Krisen. Das gab es schon immer, und entweder man findet einen Weg, diesen Kampf zu gewinnen, oder man gibt auf. Dazu kommen gesundheitliche Risiken, etwa die Gefahr von Infektionen oder muskulären Problemen, die einen zum Showdown zwingen können.

Viele Ultracycler reden gar nicht gerne darüber, was sie machen. Sei es aus Bescheidenheit oder aus Klugheit, in jedem Fall erspart es lange Diskussionen, manchmal sogar eine Menge Ärger. Denn viele Menschen können sich nicht vorstellen, wie man tagelang auf dem Rad sitzen kann. Für sie ist das extrem. Manche gehen sogar noch weiter. «Ist das nicht krank?», fragen sie. Was soll man so jemandem antworten? Was ist denn krank? Ist nur das Handeln krank, oder ist man auch krank, wenn man so handelt? Was also soll man antworten? Eine Gegenfrage stellen? Etwa: «Lieben Sie Volksmusik?» Oder: «Ist Frühling schlimmer als kein Winter?»

Abgesehen davon, dass die allermeisten Ultracycler ausgesprochen gesunde Menschen sind und kaum zu den Diabetes-2- oder Bluthochdruck-Risikogruppen gehören (es gab mal ein Diabetes-Team am RAAM, die hatten aber Diabetes-1 und waren topfit), gibt es auf die Frage, ob es krank sei, 5000 Kilometer nonstop Rad zu fahren, keine Antwort ausser «Nein». Denn eigentlich ist diese Frage nur eine unbeholfene Suche nach dem Sinn.

Doch die Frage nach dem Sinn ist einfach zu kompliziert. Seit Jahrtausenden versuchen sich kluge Leute hier mit Anworten. Warum soll da ausgerechnet ein Radfahrer die Lösung haben? Allgemeingültige Erklärungen für den Sinn des Ultracyclings – es gibt keine! Reinhold Messner sagte mal auf die Frage, warum er auf Berge steige: «Weil sie da sind.» Das ist die einfachste und doch umfassendste Antwort. Es gibt keinen Sinn, ausser man tut es. Wie jeder Mensch seine eigenen Haltungen und Werte entwickelt, hat der Ultracycler seine eigene Sinngeometrie. Er rechnet zwischen Winkeln und Dreiecken herum, und findet er überhaupt eine praktikable Formel, wird er kaum offen über sie Auskunft geben. Denn sie ist etwas sehr Persönliches, das man nicht einfach so hinausredet.

Nähern wir uns also dem Mann, der 2009 ans RAAM gekommen ist, um dem Dauersieger den Schneid abzukaufen. Dani Wyss wird RAAM-Geschichte schreiben. Von diesem Rennen wird man noch lange reden. Denn es endet in einer Dramatik, die ihresgleichen sucht.

Es geht nicht darum, was du kannst, sondern was du willst.
Denn du kannst mehr, als du weisst. Wenn du willst.

RND. LED 4X. WARN LIGHT
VOLTAGE: 12-24V

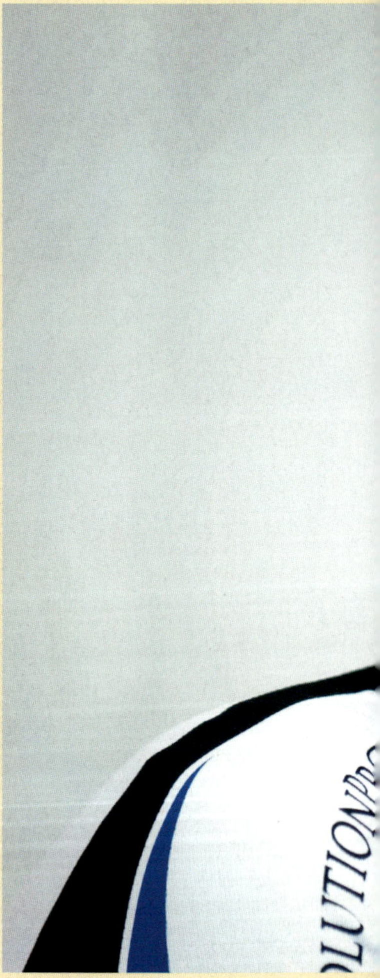

Dani Wyss, Sekunden vor dem Start
zum Rennen seines Lebens.

Der coole Champion

Dani Wyss: stur und sympathisch

Dani Wyss ist 39, als er das RAAM zum dritten Mal fährt und nach 2006 erneut gewinnt. Damals kam er als Rookie (Neuling) und holte sich auf Anhieb den Titel. Der zweifache Ultra-Weltmeister, Vize-Europameister, Sieger am Race across the Alps und am XXAlps war zwar mit eindrücklichem Palmarès nach Kalifornien gereist, aber erst das Team um Christian Hoppe und Andrea Clavadetscher mit der Erfahrung aus drei RAAM (und einem Sieg) machten ihn zu einem Titelanwärter. Dann musste Favorit Jure Robic wegen einer Erkrankung nach den Rocky Mountains das Rennen aufgeben, andere Gegner fielen zurück. So fuhr Dani solo zum Sieg.

2007 verhedderte sich Dani mit einer Erkältung und nicht eindeutig fokussierter Einstellung, wurde in den Rollers entscheidend abgehängt, kämpfte am Ende mit dem Schlafentzug und erreichte als Vierter das Ziel, enttäuscht und völlig ausgelaugt. Durch ein Regenerationsprogramm mit strikt lockerem Radfahren, Selen- und Zinkpräparaten und dem Verzicht auf Milchprodukte erholte er sich aber gut. So gut, dass er sieben Wochen später mit 978,4 Kilometern das 24-Stunden-Rennen von Schötz gewann.

SCHÖPFERISCHE RAAM-PAUSE Für 2008 beschliesst er eine RAAM-Pause, fährt kleinere Rennen, wird aber zum dritten Mal Ultracycling-Weltmeister. Das Ziel ist schon damals klar: Sieg am RAAM 2009. Eineinhalb Jahre arbeiten er und sein Team. Er hat das Glück, von erfahrenen und kompetenten Leuten umgeben zu sein. Sie entwickeln den Fahrplan, er setzt ihn um. Er ist kein Tüftler, der sich alles Mögliche ausdenkt. Die systematischen Verbesserungen bei Material, Training, Ernährung und Taktik kommen vom Team. Dani will vor allem eins: fahren.

Als man ihm einen differenzierten Trainingsplan vorlegt, der vor allem auf die Steigerung der Kraft ausgelegt ist, ist er nicht ‹amused›. «Er fährt am liebsten zehn Stunden die Pässe rauf und runter», sagt Philipp Sidler, einer seiner Berater. «Da verzieht er erst mal das Gesicht, wenn man ihm das wegnehmen will.» Sie sagen ihm, regelmässige Belastungstests mit langen 300-Watt-Einheiten seien wichtig. Da antwortet er trocken: «Jetzt müsst ihr nur noch einen finden, der das für euch fährt.» Dickschädel Dani. Er weiss

Fokussiert wartet Dani auf den grossen Moment. Auch Elke (links) und Monika sieht man die Spannung an.

was er will und was nicht. Ergometer im Labor und im Winter auf der Rolle trainieren: bloss nicht! Lieber fährt er bei Minusgraden draussen auf dem Velo. Er lehnt auch den Pulsmesser ab. «Ich brauche das nicht. Ich spüre genau, in welchem Bereich ich fahre.»

Dani macht es seinen Trainern zunächst nicht leicht. Doch er sieht ein, was es braucht und fügt sich. Nicht in allem, aber die grosse Linie nimmt er an. Er vertraut seinen Leuten und er hat ein klares Ziel. Teamchef Christian Hoppe: «Ich habe noch nie einen Athleten betreut, der so lernfähig ist wie Dani.» Der hat verstanden: Er muss seine Kraft und die mentale Stärke verbessern. Er arbeitet hart in diesen 18 Monaten.

Angefangen mit dem Radfahren hat er schon als Schüler. Mit dem Vater unternimmt er Ausfahrten im Wallis. Mit 13 fährt er sein erstes Rennen.

Arbeitet sich hinauf bis zum Elite-Amateur. Doch den Sprung zum Profi schafft er wie so viele Topfahrer nicht. Irgendwann hängt er die Radschuhe an den Nagel. Es ist seine Frau Nathalie, die ihn wieder zum Radfahren bringt. «Vielleicht fand sie einfach, ich sei besser zu ertragen, wenn ich wieder fahre», witzelt er. Mit Anfang 30 beginnt er noch mal von Neuem. Als Metallbauschlosser bei Lonza in Visp arbeitet er Schicht, hat oft tagsüber Zeit zum Training. Er fährt Marathons. 2003 gewinnt er erstmals, wird am Race across the Alps Zweiter und gewinnt auch das berüchtigte 24-Stunden-Rennen von Schötz. Bald schlägt er sogar den RAAM-Sieger Andrea Clavadetscher. Die beiden freunden sich an, es wird die Grundlage für seine Karriere als Ultramarathon-Fahrer.

RAAM 2009 In der fünften Nacht wird Dani wütend. Das mag manchen überraschen. Dani wirkt nicht so, als könne er wütend werden, eher ruhig, fast sanft. Das ist er auch, aber er kann auch anders. In jener stockdunklen Nacht zum Beispiel. Das Team verpasst eine Abzweigung. Sie informieren Dani, halten an, rangieren kurz und drehen um. Dani steht plötzlich im Dunkeln, kehrt auch um, aber er fährt jetzt fast blind – und landet im Strassengraben. Sein Schutzengel verhindert Schlimmeres. «Was meint denn ihr, einfach umkehren und mir das Licht wegnehmen!», schnaubt er in den Funk, nachdem er sich wieder hochgerappelt hat. Die Crew im Auto zuckt zusammen. Vollbremsung. Langsam rollt Dani zum Pacecar. Christian ist herausgesprungen und untersucht ihn auf Verletzungen. «Scheinbar noch mal gut gegangen», murmelt er. Dani rollt wieder an. Über Funk verlangt er Musik. Mit ‹Viva Colonia› strampelt er weiter. «Sollen die anderen machen was sie wollen, Deppen!», denkt er.

Partymusik, das ist Danis Rezept. «Damit kann ich alle Gedanken verscheuchen, dann geht die Post ab.» So pusht er sich nach vorne, verdrängt alles, was ihn stört: Wut, Schmerzen, Angst, die Müdigkeit. Er bleibt nach aussen ruhig und räumt sich innerlich auf. Bald ist der Ärger verraucht, der Fokus wieder da. Wenn man RAAM-Fahrern zuhört, die auf ‹Ankommen› fahren, hört man oft, Radfahren sei Meditation. Bei Dani tönt das anders. «Wenn ich anfange, Gedanken nachzuhängen, werde ich langsamer. Dann geht

Emotionen vor dem Start: Dani ganz in sich, aber nicht alleine.

die Konzentration verloren.» Was ihn schnell macht, ist der Fokus auf die Geschwindigkeit, den Körper, den Gegner, auf die Strasse. Und die Kommunikation mit dem Team. Mit Meditieren gewinnt man nicht am RAAM.

Es ist typisch für Dani, den Bescheidenen, dass er nach seinem RAAM-Sieg sagt, er bewundere die Fahrer, die erst nach zehn oder elf Tagen das Ziel erreichen. «Was die aushalten, ist enorm. Ich will möglichst schnell ankommen und mich in ein Bett legen können.» Respekt hat er vor allen Gegnern. Er weiss, dass er schnell ist, aber er hebt nie ab. «Ich war halt ein bisschen schneller als die anderen.» Was freut ihn, wenn er siegt? «Der Familie etwas zurückgeben können. Das Team belohnen. Anderen eine Freude machen.» Im RAAM fällt allen auf, dass er immer wieder lächelt, winkt. Er verliert nie ein unfreundliches Wort. «Er geniesst das Rennen, unglaublich!», wundert sich eine amerikanische Reporterin entlang der Strecke.

Über Helmmikrofon und Funk immer mit der Crew verbunden: Dani in New Mexico.

ZURÜCKHALTENDER STAR Im Mittelpunkt steht er nicht so gern. Er mag zwar die Anerkennung. Aber als Star wirkt er manchmal ein bisschen schüchtern, fast verlegen. Doch wenn es um den Kampf auf dem Rad geht, kennt er keine Zurückhaltung. Dani ist ein beinharter Kämpfer. Wie er Jure acht Tage vor sich her treibt, ist eindrücklich. Er zwingt ihm sein Rennen auf, lässt nicht locker. «Es motiviert mich am meisten, wenn ich dem anderen in den Hals pusten, ihn heissmachen kann. Und dann keinen Meter verschenken. Da bin ich eine echte Beisszange.»

Es war wohl das RAAM 2007, mit dem er zum Champion reifte. Als Vierter unter Wert geschlagen, nahm er hin, dass die anderen besser waren. Akzeptierte die Niederlage, die kleinen und grösseren Fehler, etwa, dass er sich zu sehr um seine Schmerzen gekümmert hatte. Nicht er beherrschte sie, sondern sie ihn. Er gab ihnen Raum, in Gedanken, Worten, Reaktionen. Dennoch fuhr und fuhr er, liess sich treiben. Kämpfte lange gegen den Schlaf, wie ein Autofahrer, der nicht beim ersten Alarmzeichen sofort anhält. Zum Entsetzen seiner Crew begann er sogar zu halluzinieren, was mehrere Notstopps nötig machte.

Aus dieser Erfahrung hat er gelernt, seine Selbstbeobachtung verbessert und mental trainiert. 2009 hat er das Schlafdefizit gut im Griff, ist im ganzen Rennen mental völlig fit. Noch nie war er so konzentriert. Er weiss, dass die Crew für ihn arbeitet. «Christian und das Team, ich vertraue ihnen zu 100 Prozent.» Es ist dieses Vertrauen in sich und seine Crew, das ihn ruhig und stark macht. Es scheint, als öffne sich Dani seinen Betreuern auch viel mehr als andere Athleten. Dass er diese Nähe schafft, ist eine seiner Stärken. Und die seiner Crew.

DIE SPANNUNG WIRD GRÖSSER Am Starttag in Oceanside ist er wortkarg. Er hat nicht so toll geschlafen. Nun ist er bereits völlig fokussiert. Seine Wangenmuskeln sind leicht angespannt und machen den Mund zu einem dünnen Strich. Sein Blick ist entfernt, manchmal starrt er lange in eine Richtung, denkt an nichts. Kurz vor dem Rennen, vielleicht dem Rennen seines Lebens, liegt er in seinem Pacecar und versucht die letzten Minuten irgendwie herumzubekommen. Er denkt an seine Familie, das Rennen, die Gegner, das Trainingslager in Palm Springs, sein Ziel, den Sieg. Er hört die Menschen draussen, als wären sie einen Kilometer weit weg. Fühlt die Schmetterlinge im Bauch, den Druck im Hals, der ihn trocken schlucken lässt. Achtzehn Monate fokussierte Vorbereitung, Verzicht, harte Arbeit, Lust und Leidenschaft. Und jetzt ist er hier, am Start in Oceanside. Es ist so weit. Doch plötzlich kommen die Tränen. Er gibt sich keine Mühe, sie zu zurückzuhalten, lässt ihnen freien Lauf. Dann setzt er sich mit einem Ruck auf. Wischt sich die Augen trocken. Atmet ein paar Mal tief. «Gömmer», sagt Dani. «Gömmer.»

EXIT
RACE ACROSS AMERICA
The World's Toughest Bicycle Race
Follow the race: www.raceacrossamerica
RAAM
RACE ACROSS AMERICA
www.raceacrossamerica
SWISSTEAM

RACE ACROSS AMERICA
OCEANSIDE CA • 3000 MILES TO ANNAPOLIS, MD

Colorado zu durchqueren ist auf
zwei Rädern am schönsten.

Die Schweizer Macher

Paten des Sieges

Was sind die wichtigsten Gründe für Erfolg? Andere für die eigenen Ideen gewinnen zu können. Liebe und Begeisterung für das, was man tut. Hartnäckigkeit, eine gewisse Lust auf Perfektion und etwas Glück, dass alles zusammenpasst.

Dani Wyss hat fast alles erreicht, was es im Ultracycling zu holen gibt. Jetzt hat er gezeigt, dass er ein Champion ist. Wie ist er dazu geworden? Er ist ein herausragender Radfahrer, verfügt über eine exzellente Physis und mentale Fähigkeiten. Das ist die eine Seite. Die andere ist das Umfeld, das er für den Erfolg braucht. Dani hat es geschafft, eine Gruppe von Leuten um sich zu scharen, die ihm helfen, seine Fähigkeiten zu perfektionieren. Man mag glauben, Ultracycling sei ein Einzelsport. Stimmt. Doch auch ein Einzelsportler braucht Menschen, die ihre Stärken, ihr Wissen und ihre Erfahrung einbringen. Keiner kann alles beherrschen. Erfolg ist ein Mosaik, der Sportler selbst nur ein Teil davon. Erst seine Helfer vervollständigen es. Dani bringt es auf den Punkt: «Ohne das Team bin ich gar nichts.»

Doch hier sei nicht die Rede vom Team, das ihm in den USA zum Sieg verhilft. Hier geht es um den erweiterten Kreis, Leute im Hintergrund, die auf ihre Weise mit zum Sieg beigetragen haben. Es gibt viele, doch wir können nicht alle nennen. Danis Sieg hat ein paar besondere Paten. Um zu verstehen, wie jemand das härteste Rennen der Welt gewinnen kann, muss man sie kennen lernen.

TREFFEN MIT DEM CHAMPION Die Geschichte von Danis Sieg am RAAM 2009 hat im Frühjahr 2004 in der Toscana begonnen. Sie ist verbunden mit einer Person: Andrea ‹Clavi› Clavadetscher. Der Bündner RAAM-Sieger von 2001 und Gewinner des Pendant zum RAAM in Europa, dem XXAlps, war für Dani immer ein Vorbild. Zufällig begegnen sie sich in Italien, wo beide an verschiedenen Orten eine Trainingswoche absolvieren. Man kannte sich bereits von diversen Marathons. Grosses Hallo. «Die Welt ist klein!» Sie treffen sich abends zum Essen. Clavi ist ein geselliger Typ, der gerne mit Gleichgesinnten zusammensitzt. Sie reden über Training, über Rennen, über Ziele. «Ein Start am RAAM ist mein Traum», sagt Dani.

Christian Hoppe: Seit 1998 leitet er RAAM-Expeditionen als Arzt und Teamchef.

Clavi bohrt nach, wie er das gerne tut. «Was heisst Start? Was willst du erreichen? Finishen oder mehr?» Danis Antwort kommt zögerlich. «Na ja, schon mehr.» «Sieg?» «Nein, das vielleicht nicht. Aber eine Top-3-Platzierung. Das wäre schon super!»

Es wird ein langer Abend. Clavadetscher, der 2001 als erster Schweizer überhaupt das RAAM gewonnen hat und heute als Coach und Referent arbeitet, ist in seinem Element. «Dir traue ich sogar einen Sieg am RAAM zu», sagt er. «Aber du brauchst Leute, die dir zeigen, wie es geht. RAAM bedeutet Team. Erst mit einem Super-Team kannst du dort Erfolg haben.» Clavi nimmt das Telefon und ruft Christian Hoppe in der Schweiz an. Der Arzt Hoppe und Clavi haben zusammen drei RAAM absolviert, eines davon gewonnen. 2004 war bereits klar, dass Clavi kein RAAM mehr fährt. Aber es war auch klar, dass irgendwann einer auftauchen wird, der in seine

Andrea Clavadetscher (links) und Stephan Schütz.

Fussstapfen tritt. Und so kommt es, dass in einem Restaurant in der Toscana ein neuer Schweizer RAAM-Champion entdeckt wird.

Etwa zur gleichen Zeit begegnen sich in Unterägeri zwei andere Paten: Philipp Sidler und Christian Hoppe. Sie wohnen im selben Haus. Der Triathlet Philipp, früher ein Top-Tennisspieler, startet bei Ironman und trifft Hoppe gelegentlich vor der Haustür, mit dem Velo oder in Laufschuhen. Man kommt ins Gespräch, freundet sich an. Philipp lernt Clavi kennen, den er schon einmal an einem Vortrag übers RAAM sah. Ultracycling beginnt ihn zu faszinieren. Der Kontakt mit Hoppe sorgte dann bald dafür, dass bei Philipp das RAAM-Fieber ausbricht.

Inzwischen beginnt sich Christian Hoppe nach einer RAAM-Pause wieder mit seiner Leidenschaft Ultracycling und dem RAAM zu beschäftigen. Der

Patrick Wyss (links) und Philipp Sidler.

Facharzt für Rehabilitation und Sportmedizin aus Bolligen bei Bern, damals Oberarzt an einer Rehaklinik, führt heute eine eigene Praxis im Medizinischen Zentrum des Grand Resort Bad Ragaz. Er ist Verbandsarzt bei Swiss Ski und Swiss Cycling. Bereits in den 90er-Jahren war er Andrea Clavadetscher begegnet. Seitdem betreute er Clavi an vielen Ultra-Rennen. 1998 gingen sie zum ersten Mal ans RAAM. In diesen elf Jahren wurde Hoppe, auch durch die Hilfe zahlreicher, hier nicht genannter Freunde und Berater, ein profunder Kenner des Ultracycling und des RAAM. Als sich Clavis Rücktritt als Ultracycling-Athlet abzeichnet, beginnen beide, Dani Wyss als Nachfolger aufzubauen.

Ein Glücksfall war es da auch, dass Hoppe 2006 Remo Gugolz kennen lernte. Der ehemalige Forschungsentwickler bei Nestlé und Ringer hatte 2005 die Firma Winforce Sporternahrung gegründet, nachdem er zunächst

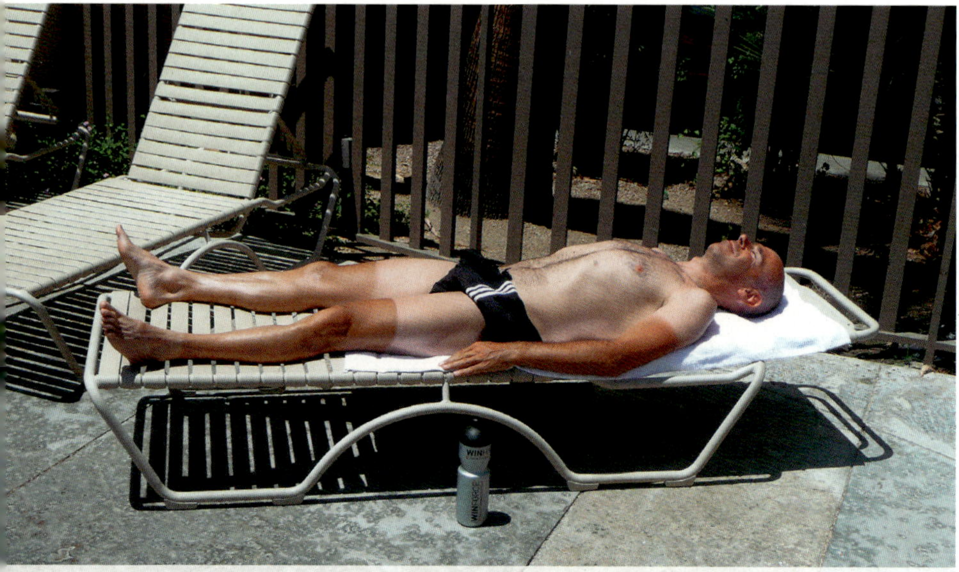

Vorbereitung in Palm Springs: Mit einem guten Team lässt sich's entspannt ausruhen.

einige Zeit in der Küche mit eigenen Mixturen experimentiert hatte. Hoppe wollte von Gugolz ein perfektes Flüssignahrungssystem für das RAAM. Gugolz entwickelte ein hochmolekulares Carbogetränk, einen schnellen Regenerationsdrink und eine hochkalorische Kohlenhydrat-Öl-Emulsion. Alles funktionierte auf Anhieb. Dani gewann das RAAM 2006 mit Winforce, worauf die Nachfrage sprunghaft anstieg. Inzwischen bedient Winforce den Nischenbereich Extrem-Ausdauersport international mit wachsendem Erfolg.

Zum harten Kern des Teams um Dani Wyss, zu den Paten seines Sieges, gehört auch Stephan Schütz. Als der heute 49-jährige Schreiner aus Zürich vor 15 Jahren beschloss, seine Rennfahrerkarriere als Eliteamateur zu beenden, fuhr der 14-jährige Dani Wyss Schülerrennen. Stephan kämpfte früher mit Clavi an Amateurrennen. Später kam er als Betreuer in Clavis

Crew, bestritt mit ihm zahlreiche Ultramarathons und war mit ihm auch am RAAM. 2006 wollte ihn Dani unbedingt an seinem ersten RAAM dabei haben. Stephan spielte schon damals eine wichtige Rolle. Er galt als Ruhepol im Team. 20 Jahre Radrennen haben ihn Nervenstärke gelehrt. Unvergesslich die Episode am RAAM 2007, als Dani entnervt und müde kurz vor dem Ziel vom Aufgeben redet. Stephan bleibt ruhig und interveniert ziemlich paradox: «Okay, dann laden wir dich jetzt ein und fahren im Auto ins Ziel.» Dani ist überrascht von Stephans Direktheit. Er zögert, starrt kurz auf den Boden, steigt dann auf sein Velo und fährt ins Ziel.

FINETUNING ÜBER FUNK Am RAAM 2009 coacht Stephan Dani aus dem Pacecar. Er hilft ihm, die Schwächephasen zu überwinden, indem er ihm die Gänge durchgibt. Beim Ultracycling ist es normal, dass man stellenweise nur noch auf dem Rad sitzt und sich irgendwie vorwärtsbewegt. Ein bewusstes, effizientes Fahren mit rundem Tritt, im richtigen Gang und mit perfekter Position funktioniert dann nicht mehr gut. Stephan hat ein Auge dafür, wie Dani sich bewegt, ob der Gang stimmt. «Komm, kämpfe jetzt nicht, fahr lieber zwei Gänge höher», ruft er ihm dann über Funk zu. Oder er treibt ihn an, wenn Dani wieder Schub braucht. «Da geht noch mehr, Dani. Dreh niedriger, dann kannst du schneller fahren!»

Es waren diese Paten, die vom Spätsommer bis Ende 2008, oft in langen Kamingesprächen in Graubünden, das Rennen mit Dani vorbereiteten. Sie entwickelten die Trainingspläne, erarbeiteten Konzepte für das Velomaterial, für Logistik, Finanzen, Crew. Für die Renntaktik analysierten sie Danis Rennen, die von Jure Robic und von anderen Gegnern. Sie listeten die Fehler von 2007 auf und legten genaue Vorgaben zur Verbesserung fest. Sie simulierten verschiedene Rennszenarien und zogen entsprechende taktische Konsequenzen daraus. «Wir waren auf ein Duell mit Robic vorbereitet», sagt Philipp Sidler. Er kümmerte sich besonders um die Organisation der einzelnen Projekte und die Einhaltung der Zeitpläne. Als Ironman Triathlet hat er die Dinge gerne durchorganisiert, bevor das Rennen losgeht. «Wer da aus dem Wasser steigt und seine Veloschuhe sucht, hat schon verloren.»

PRÄZISE MATERIALANALYSE Mit Systematik bringt der Versicherungskaufmann und heutige Leiter der Swica-Agentur in Zug Ordnung in das kreative Chaos. Er nutzt seine Kontakte für die Flugbuchung. Er, Clavi und Stephan packen alle Materialfragen an: Jedes Einzelteil vom Pedal bis zum Helm wird genau analysiert. Sie besorgen zum Beispiel unterschiedliche Simplon-Velos, ein schnelles und ein Bergvelo aus Carbon, dazu einen Cruiser aus Stahl. Von Xentis erhalten sie verschiedene Carbon-Laufräder, auch welche mit Alu-Bremsflanken für die Berge. Sie rüsten die Räder mit der elektrischen Shimano-Schaltung Di 2 aus, bei der man per Knopfdruck die Gänge wechselt (2007 konnte Dani wegen einer Nervenentzündung in der Hand nicht mehr richtig schalten). Sie stellen das Pedalsystem auf Crank um und lassen für Dani Massschuhe mit Mittelfussfixierung herstellen, eineinhalb Nummern grösser als normal. Die Schuhsohlen werden mit Alufarbe gegen die Hitze präpariert. Man wählt die Reifen aus und entscheidet die Härte (6,1 Bar). Clavi entwickelt einen Komfortsattel, der weitaus leichter ist als die marktüblichen.

Gleichzeitig arbeiten sie nach der Vorgabe, sich auf das Wesentliche zu beschränken: ‹Reduce to the max›. Sie durchforsten die komplette Organisation und streichen, was sie für unnötig halten. Christian, der früher zum RAAM sogar ein Minilabor zur Blutanalyse mitnahm, packt inzwischen nur noch ein kleines RAAM-Köfferchen mit der wichtigsten medizinischen Ausrüstung. Seine Erfahrung ersetzt viel Überflüssiges. Um etwa zu prüfen, ob der Flüssigkeitshaushalt stimmt, genügt ihm ein Blick auf Danis Urinstrahl beim Pinkeln. Dunkel oder hell?

Aus beruflichen Gründen müssen von den Paten zwei zu Hause bleiben: Clavi und Philipp. Sie fiebern über Internet und via Telefon ins Pacecar die ganze Woche mit, schlafen meist schlecht und tauschen sich telefonisch täglich mehrmals miteinander aus. Beide haben im Juni 2009 die höchste Telefonrechnung ihres Lebens.

Es gibt aber noch einen wichtigen Mann im Hintergrund des Sieges. Er bleibt auch zu Hause, denn das ist sein Job: Webmaster. Patrick Wyss, der jüngere Bruder von Dani, war schon als 11-jähriger Knirps mit dem Vater bei Danis ersten Rennen dabei. Er kennt ihn als Bruder, aber auch als Rennfahrer. Er bewundert den Biss und Ehrgeiz, mit dem er heute Siege heimfährt. «Wenn er damals als Amateur auch schon so heiss gewesen wäre, wäre er ein guter Profi geworden», sagt er. Während des RAAM 2009 schläft Patrick kaum. Seine Begeisterung und sein Job als Chronist halten ihn wach. «Wenn mal ein paar Stunden keine Nachricht auf der Website erschien, riefen mich die Fans sofort an.» Per Telefon hält er ständigen Kontakt zum Pacecar. Die Kosten steigen in diesen Tagen so dramatisch an, dass ihn sein Telefonprovider anruft und auf die hohen Gebühren hinweist. Dass Dani gewinnen kann, ist für ihn klar. «Wenn er dran bleibt, gibt er nichts mehr her.»

So ist das Team Dani Wyss in allem ernsthaft und sorgfältig vorbereitet. Das Material ist getestet, ab Februar herrscht Innovationsstop. ‹No more experiments!› lautet die Devise. Das gibt allen Ruhe und Sicherheit. So kann eine Expedition beginnen, die mit einem grandiosen, aber höchst dramatischen Finale endet.

David und Stephan prüfen die Strecke auf der Karte, den Rest macht das GPS.

Alle für einen: Team Dani Wyss

Siegeswille, Herz und Leidenschaft

Jemand schrieb mal in einem Rundmail: «Ich liebe es, wenn sich das Team Dany Wyss organisiert.» Dabei ging es nicht etwa um den Einsatz beim Race across America, sondern um ein Teamtreffen im Oktober in einer Berghütte in Graubünden. Organisiert sich das Team, schwächeln die Mail-Server. Da kursieren endlos viele Mails, in einer Mailkultur, die jedem Büromenschen die Haare zu Berge stehen lassen würde. Jeder klickt auf ‹Allen antworten›, was den Eingangsordner an einem Tag leicht mal mit zehn bis zwanzig meterlangen Mails mit überbreiten RE:AW-Betreffszeilen füllt. Mails mit knappen, satzähnlichen Botschaften, wie etwa «weinfest finde ich natürlich SUPER ;-) !!!!!! , liabi grüass!» und «Wer will denn alles biken, wandern ist doch mist!», «Gahts no!??» oder «Ich bring den Wein, aber wir müssen doch auch essen!».

Es wurde ein gemütliches, nahrhaftes Wochenende in gelöster Stimmung. Es gab Biken und Wandern, und immer was zu lachen. Die Sportlichkeit kam nicht zu kurz. Nachdem man lange genug für leere Weinflaschen gesorgt hatte, kam Christian gegen zwei Uhr morgens auf die Idee des Flaschenspiels: Man robbt in Liegestützposition, die Hände auf zwei Weinflaschen gestützt, möglichst weit nach vorne, und dann mit einer (!) wieder zurück, alles ohne Bodenberührung. Eine für Bauch- und Rückenmuskeln perfide Übung. Alle verzweifelten an Christians Bestmarke. Riesengaudi. Dann guckte man sich bis halb fünf die RAAM-Fotos und -Videos an. Gelächter, Erinnerungen, Emotionen.

EIN TEAM BRAUCHT EINE SEELE Man spürt es: Diese Leute haben Grossartiges miteinander erlebt. Gemeinsam haben sie sich an ein Ziel herangearbeitet, Schritt für Schritt, mit Begeisterung, Hingabe und einer Spur Verrücktheit. Aus einer Gruppe Individualisten hat sich langsam ein Team geformt, in dem sich jeder dem Ziel unterordnete. Jeder hat sein Bestes gegeben. Sie haben gekämpft und auf die Zähne gebissen, gelacht und gestritten, gebangt und vor Glück geheult. Man hat sich weit unter der alltäglichen Wahrnehmungsebene kennen gelernt, jeder weiss um die Stärken und Schwächen des anderen. «Bei diesem Team habe ich etwas Aussergewöhnliches gesehen», erzählt Sean McDonagh. Als offizieller

Ab nach Osten: Die leeren Koffer der Teams gehen per Truck nach Annapolis.

RAAM-Fotograf, dessen Bilder auch in diesem Buch zu finden sind, fotografierte er das Team Dani Wyss am Tag nach der Zielankunft im Annapolis Football Stadium. «Unter diesen Leuten herrschte eine besondere Atmosphäre», sagt er. «Ich habe viele Teams gesehen, aber diese Aura von Zuneigung, Vertrauen und Gelassenheit war neu für mich. Ich war so fasziniert, dass ich fast vergass, meinen Job als Fotograf zu machen.»

Dies alles mag vielleicht übertrieben klingen, aber wer die Emotionalität des Leistungssports kennt, kann es nachvollziehen. Man erlebt die Teams an den Rennen und merkt meist schnell, welcher Geist herrscht: in der Art, wie sie auftreten, wie sie ihren Athleten behandeln, in ihrer Gestik, Mimik und Sprache. Auch den Konkurrenten fiel die Schweizer Crew auf. «Dieses Team hat Herz», so Christoph Strasser aus Österreich. «So ein Team wird am Ende auch gewinnen.» Einer aus dem Team Kanada fand: «Die slowe-

Da hilft kein Rütteln und Schütteln: Michael ist über dem Roadbook eingeschlafen.

nische Army-Mannschaft erledigt ihren Auftrag. Ihr dagegen seid mit Leib und Seele dabei. Beides sieht man deutlich.»

Das offizielle RAAM-Mediateam filmt am frühen Morgen des fünften Tages beim Team Dani Wyss den Crewwechsel auf einem Supermarktparkplatz. Nach acht Stunden konzentrierter Fahrt im Pacecar kommt die Crew 2 mit Heidrun, Stephan und Monika nun zu ihrer Pause. Ruhig und konzentriert übergeben sie an die Crew 1 mit Martina, Michael und Christian. Der bespricht sich kurz mit Stephan, Michael testet bei Dani das Funkgerät, bringt ihm die dünnen Ärmlinge. Martina übernimmt von Monika das Roadbook, lässt sich ein paar Dinge erklären, nimmt als Navigatorin auf dem Beifahrersitz Platz. Der Wechsel, zu dem andere Teams oft eine Viertelstunde und mehr benötigen, ist in genau drei Minuten erledigt. Die Medialeute sind beeindruckt. «Die wissen genau, was sie tun.»

TEAMSPIRIT IST EIN SCHLAGWORT Viele nehmen es schnell in den Mund, die schon damit zufrieden sind, wenn am Arbeitsplatz jeder seinen Job macht und ab und zu mal ein lustiges Wort fällt. Doch Teamspirit ist mehr. Er tritt erst dann wirklich zutage, wenn zur eigentlichen Aufgabe Belastungen von aussen dazukommen. Wenn Tiefgang gefordert ist, man nicht mehr im Komfortbereich agiert, sondern jeder etwas entbehren und auf seine Gewohnheiten verzichten muss. Wenn man müde ist und sich ausruhen will, aber dafür keine Zeit ist. Wenn man unbedingt einen Kaffee braucht oder etwas zu essen, und es gibt nichts. Wenn einer sich auf etwas gefreut hat, was ihm dann ein anderer zunichte macht, vielleicht durch eine Fehlleistung oder Unachtsamkeit. Oder wenn die Müdigkeit einen von innen aufzehrt, und keiner interessiert sich dafür. Wenn sich dann dennoch kein Frust breitmacht, der Ton respektvoll bleibt und die Einsatzbereitschaft hoch, dann funktioniert ein Team. Keiner darf dem anderen etwas vormachen. «Man muss authentisch sein», sagt Wyss-Teamchef Christian Hoppe. Ein RAAM-Teamplayer muss in der Lage sein, seine persönlichen Interessen zurückzustellen. Er kennt seine Stärken und Schwächen und steht zu ihnen, kann auch selbstkritisch sein. Er weiss um seine Bedeutung für das Team. «Jeder ist wichtig und jeder ist Teil des Erfolgs», betont Christian.

Ein Team braucht eine Seele und muss sie spüren. Arsène Wenger, Trainer von Arsenal London, einer der versiertesten Köpfe im internationalen Fussball, sagte über die Seele im Team zum *Spiegel:* «Eine Teamleistung kann etwas Magisches kreieren. Wenn alles funktioniert und das ganze Team von einer Elektrizität erfasst ist, das ist phantastisch. Ich sehe am Spielfeldrand oft wie ein Eisberg aus, aber wenn alles harmoniert, bin ich leidenschaftlich. Wenn die Seele des Teams in Ordnung ist, ist alles möglich.»

Das Team Dani Wyss besteht aus zehn Personen. Vier sind für das Wohnmobil verantwortlich (Angelina und Jan, Elke und David) und die anderen sechs für das Pacecar (Crew 1: Michael, Martina und Christian – Crew 2: Heidrun, Stephan und Monika). Das Pacecar ist das Herz des Rennens, die Schaltzentrale des Teams. Es muss unmittelbar hinter dem Athleten fahren, und nur das Team-Pacecar darf dies, nicht das Wohnmobil oder andere

Heidrun (links) und Martina.

Fahrzeuge. Zwischen 20 und 6 Uhr muss der Athlet immer im Lichtkegel des Pacecars fahren. Tagsüber darf er maximal eine Stunde ohne das Auto unterwegs sein. Rollende Verpflegung für ihn ist viermal pro Stunde erlaubt.

DAS PACECAR IST DANIS ZUHAUSE Hier schläft er, wird medizinisch versorgt, hier wird seine Winforce-Nahrung gemixt, hier fahren die zwei anderen Velos immer auf dem Dach mit, wird seine Bekleidung, Ersatzmaterial und Werkzeug mitgeführt. Dazu ist das Pacecar auch die Kommunikationszentrale mit Sat-Telefon, Funk zu Dani, Infrarot-Nachtkamera und Navigationssystem. Hier wird das Rennprotokoll geführt, jede Aktion akribisch festgehalten. Im Pacecar befindet sich die ‹Bibel› des RAAM, das ein Kilo schwere, 250-seitige Roadbook der Rennleitung. Hier finet die Crew jede Meile des Rennens, die Regeln, Kartenausschnitte, Kontaktnummern und Zeitstationen exakt aufgeführt.

Angelina im rollenden Hotel des Team Dani Wyss.

Das Pacecar des Team Dani Wyss ist ein ursprünglich leerer Kastenwagen. Es ist grösser als die Autos der Konkurrenten. Kein Zufall – schliesslich weiss man genau, was man braucht. Stephan, der Schreiner, baute ihn mit Schränken, Bett und Staukisten zur rollenden Betreuungsstation aus. Michael, der Elektroniker, installierte die Elektrik, die Computer und die Sicherheitsmodule. Zehn Tage werkelten die Männer, bis alles perfekt war.

Das Wohnmobil ist das Hotel des Teams. Hier schläft die Pacecar-Crew, wird die Verpflegung zubereitet, das Gepäck transportiert. Das Wohnmobil fährt unabhängig vom Pacecar entweder nach vorne, um die Strecke zu testen, oder es lässt sich auf bestimmten Streckenabschnitten zurückfallen. Es darf sich frei bewegen, aber nicht immer die Rennstrecke benutzen. Manche Strassen oder Brücken sind zu schmal für das grosse Fahrzeug.

Das Team: Michael, Jan, Elke, Martina, Monika, Angelina, Stephan. Vorne: David, Christian und Heidrun. Ach ja, und Dani!

DIE TEAMMITGLIEDER

Angelina Rupp Jahrgang 1979, Bewegungstherapeutin und Personal Coach. Angelina lebt in Says (GR). Sie kam erst im Frühling 2009 zum Team Dani Wyss und bildet mit Jan die Wohnmobilcrew 1, amtet als Navigatorin, Köchin und ist die gute Seele des Wohnmobils. Ihre Sportarten sind Wandern, Yoga und Joggen.

Christian Hoppe Jahrgang 1966, Arzt und Teamchef, lebt mit seiner Familie in Maienfeld (GR). Hat mit Andrea Clavadetscher drei RAAM bestritten (Sieg 2001) und startet 2009 zum dritten Mal mit Dani Wyss. Hoppe ist Verbandsarzt von Swiss Cycling für Mountainbike und Bahn und von Swiss Ski für Langlauf. In seiner Praxis gehen viele prominente Schweizer Sportler ein und aus. Hat viel Erfahrung in der Betreuung von Ausdauersportlern und gilt als «unheilbar vom Virus RAAM infiziert». Beschreibt seine Funktion als «zielorientiertes Teamwork mit Seelenverwandten».

David ‹Junior› van Wijnkoop Jahrgang 1988 und Team-Benjamin aus Davos, Wohnmobil-Pilot und Navigator im Team, entwickelt mit Elke im Lauf des Rennens das Dreamteam. Studiert in Zürich Umweltwissenschaften und gehört zum Schweizer Snowboard-B-Nationalkader. Startet im Winter 2009/2010 erstmals am Weltcup.

Elke Kleinsasser Jahrgang 1978, stammt aus Klagenfurt. Als Sportphysiotherapeutin bei Swiss Ski ist sie mit der Nationalmannschaft am Europacup und wohnt zeitweise bei Martina in Chur. Sie bildet mit David die Wohnmobilcrew 2. Testet erfolgreich die Koffeintabletten und kommt 40 Stunden ohne Schlaf aus. Macht gerne Ski- und Mountainbiketouren und wandert.

Heidrun Grutsch Jahrgang 1974, aus Meiningen (westlichstes Dorf Österreichs), hat mit Dani bereits die RAAM 2006 und 2007 absolviert. Die Kindergärtnerin arbeitet auch als Mental Coach und hat den Draht zu Dani. Hat die Musik zusammengestellt, versprüht immer gute Laune und gilt laut Dani als «echte Festhütte». Spielte früher in der österreichischen Fussball-Nationalmannschaft und ist Teil der Pacecar-Crew 2 mit Stephan und Monika.

Jan Joosten Jahrgang 1961, Reiseleiter aus Davos, kam erst im Mai zum Team und verpasste aus beruflichen Gründen das Trainingscamp in Palm Springs. Bildet mit Angelina die Wohmobilcrew 1 und ist für die Verpflegung zustandig. Dank seiner Reisekenntnisse kommt das Team auf den richtigen Flug nach Hause. Zitat Jan: «Ihr könnt zwar Rad fahren, aber nicht reisen.»

Martina Kindler Jahrgang 1980, ist Sportphysiotherapeutin im Medizinischen Zentrum des Grand Resort Bad Ragaz. Ist von Anfang an (Sommer 2008) im Team und förderte im Winter und Frühling 2009 vehement das

Krafttraining von Dani. Gilt als der gute Geist des Teams. Bildet mit Christian und Michael die Pacecar-Crew 1. War neben Elke massgeblich an der Bildbeschaffung für dieses Buch beteiligt.

Michael Seidl Jahrgang 1975, aus Rankweil im österreichischen Rheintal. Ist der ‹stoic master of technology› im Team Dani Wyss. Kein technisches Teil ist vor ihm sicher. Der Elektroniker war bis Sommer 2009 beim Landesfeuerwehrverband Vorarlberg für die Kommunikationstechnik der Feuerwehren zuständig. Er gehört zur Pacecar-Crew 1 mit Christian und Martina.

Monika Rupf Jahrgang 1979, gelernte Medizinische Masseurin, lebt im St. Gallischen Sevelen, arbeitet als Disponentin und Gästebetreuerin im Medizinischen Zentrum des Grand Resort Bad Ragaz. Kam als Koordinatorin und Dolmetscherin ins Team und beweist Management-Fähigkeiten. Treibt sogar im Siegestaumel in Annapolis mitten in der Nacht noch Hotelzimmer für das Team auf. Sport: Fussball, Inline, Mountainbike.

Stephan Schütz Jahrgang 1960, von Beruf Schreiner, lebt mit seiner Familie in Zürich. Einer der ‹Godfathers› im Team Dani Wyss, ein ruhender Pol mit viel Know-how und Erfahrung. Der frühere Rad-Eliteamateur, der seine Karriere auf dem Podest bei der Zürimetzgete beendete, war mit Hoppe und Clavadetscher und später mit Dani an allen RAAM dabei. Übernimmt die sportliche Leitung und coacht Dani auf dem Rad. Kommt trotz Krebserkrankung mit zum RAAM.

Jeder Stopp läuft nach klarem Muster ab.
Drei bis fünf Minuten, mehr liegt nicht drin.

TEAM DANI WYSS
SFS
SIMPLON
GIRO
SPEEDO

Noch drei Sekunden: Dani bekreuzigt sich. It's racetime now!

Mit Volldampf in die Wüste

The race is on

Stephan steuert das Ford-Pacecar mit gut 38 km/h durch die Wüste. Seit einer Stunde geht es immer leicht bergab. Im Imperial Valley zeigt das Thermometer immer noch 36 Grad an, obwohl es bereits nach 21 Uhr ist. Auf dem Beifahrersitz navigiert Heidrun. Sie hat nicht viel zu tun. Hier kann man nichts falsch machen. Es gibt nur eine Richtung: East.

Dani fährt das hohe Tempo des Spitzenfelds mit den beiden Slowenen Jure Robic und Marko Baloh mühelos mit. Nicht weit vor ihnen fährt der österreichische Rookie (= Neuling) Christoph Strasser. Er war 15 Minuten vor Dani gestartet und wurde kurz vor der ersten Zeitstation erstmals eingeholt. Jetzt stürmt er durch die kalifornische Wüste. Er kann es kaum fassen, mit den Besten der Welt auf Augenhöhe zu fahren. Die 1000-Höhenmeter-Abfahrt vom Glass Elevator hat er genommen, als sei es ein Sonntagnachmittagsrennen. Typisch für die Euphorie der Rookies. Man hat gerade mal gut 100 Meilen hinter sich, fühlt sich phantastisch, eins mit seinem Gerät und seinen Zielen. Hellwach, ein Gefühl, auf dem Rad zu fliegen. Realisiert langsam, dass man tatsächlich im Rennen ist und mit jeder Kurbelumdrehung der grosse Traum ein Stück wahrer wird. Die knapp dreitausend Meilen, die vor einem liegen, sind jetzt nicht vorstellbar. Sie spielen im Moment auch keine Rolle. Here I go! Es gibt kaum ein schöneres Gefühl für einen Ultramarathon-Racer als diese ersten hundert Meilen am Race across America.

«Was meinst du, wie stark Jure wirklich ist?», fragt Heidrun. «Er ist stark. Er ist sich sicher, dass er gewinnt», sagt Stephan. «Und wenn er merkt, dass er verlieren könnte, was macht er wohl?» Stephan schweigt eine Zeit lang. «Er wird toben. Vielleicht gibt er sogar auf.» «Was? Einfach aufhören?» Stephan nimmt den Fuss leicht vom Gas, der weisse Kastenwagen rollt über eine Welle. Der Abstand zu Dani beträgt zehn Meter. Gleichmässig zieht Dani in perfektem Tritt. «Jure ist ein netter Kerl. Aber für den zählt nur der Sieg. Wenn der mal verliert...» Heidrun blickt aus dem Fenster in die endlose Wüste. Sie grübelt. Sie kann sich das kaum vorstellen. All dieser Aufwand, die Crew, das Training, die Sponsoren, die Entbehrungen – wie kann man da nicht ins Ziel fahren wollen?

Im Abstand von drei Minuten von der Rampe: Was den RAAM-Helden jetzt wohl durch den Kopf geht?

ÖKODRAMA IN DER WÜSTE Nach 120 Meilen Renndistanz erreichen sie den tiefsten Punkt des RAAM: 190 Fuss, 55 Meter unter dem Meeresspiegel. In leichten Wellen rollt die Strasse dahin. Nur ein paar Meilen östlich liegt der Salton Sea, ein 1905 nach einem Dammbruch am Colorado River künstlich entstandener See. Er hat keinen Abfluss und stellt daher ein äusserst sensibles Ökosystem dar, das zunehmend gefährdet ist. Der Fotograf Peter Jakob schreibt in seinem Fotoblog: Einer der sonderbarsten Orte, die ich kenne, vielleicht einer der grossten ökologischen Fehler in Nordamerika. Das hier ist eine fremde Alienwelt.

Der steigende Salzgehalt des Sees, mit einem Wert von 4,4% bereits höher als das Wasser des Pazifiks, ist das Problem. Algenbildung, ausgelöst durch Düngemittel der Landwirtschaft, und eine hohe Selenkonzentration sind Killer für Fische und Vögel. Niemand weiss, ob dieser See überleben wird.

Die Karawane der RAAM-Fahrer kümmert das jetzt wenig. Ruhig rollen die Rennmaschinen, die Vans und Wohnmobile in die erste Nacht hinein. Alle paar hundert Meter kommt ein Fahrer mit seinem Pacecar über den Highway 78. Sie gönnen sich kleine Minutenstopps, höchstens. Jure Robic wechselt die Schuhe, Christoph Strasser überholt. Er wird kurz darauf von der Rennleitung angehalten. Statt des Pacecars fährt sein Mediacar mit ihm, was verboten ist. «Ein Rookie-Fehler», wie Christoph später einräumt. Die Belehrung dauert fast zehn Minuten, plus 15 Minuten Zeitstrafe. Derweil verschwindet Dani Wyss drei Minuten im Auto.

Das ist typisch RAAM, erste Nacht. Man fährt nahe beieinander, sucht den Rhythmus, testet die Gegner. Gerhard Gulewics kann das hohe Tempo schon länger nicht mehr mitgehen. Ihn plagen Magenprobleme, er hält sich zurück. Der Mond nimmt weiter ab und zeigt nur noch ein Drittel. Funkgespräche, ab und zu überholende Wohnmobile, Hupen, ein Gruss mit dem Blinker. Sonst ist nicht viel los. Der Verkehr wird dünner. Bald werden fast nur noch RAAM-Autos nach Osten gleiten. Auch im Team Dani Wyss sind alle gelassen. Noch. Keiner kann sich jetzt vorstellen, was fünf Stunden später los sein wird.

Sie überqueren den New River. Er gilt als der am stärksten verschmutzte Fluss der USA. Eine Bakterienkloake, die ihresgleichen sucht. Nur noch knapp eine Meile zur Zeitstation 2 in Brawley. Dani, Christoph, Marko und Jure sind praktisch gleichauf. Jure liegt aber wegen einer Zeitstrafe 15 Minuten hinten. 15 Minuten am RAAM? Ein Wimpernschlag. Ein Witz. Jure wird darüber keine Sekunde nachdenken. Er kennt das. Wie gewohnt wird er bald davonziehen, seinen Vorsprung Tritt um Tritt ausbauen und seine Konkurrenten abhängen. Da sind 15 Minuten keine Rede wert. Einige denken das, vor allem Robic und seine Crew.

Bisher war das immer so: 2004, 2005, 2007, 2008. Viermal siegte er mit einem Vorsprung von einem halben Tag oder mehr. Ausser 2006, als er wegen einer Erkrankung das Rennen aufgab. Damals siegte ein Rookie: Dani Wyss. Sonst war Jures Strategie immer aufgegangen: Am Anfang jagt er mit Mordstempo auf und davon, legt zwei Tage ohne Schlafpause einen hohen Rhythmus vor. Meist hat er dann bereits einige Stunden Vorsprung herausgefahren. Dazu verfolgt er in jeder Phase des Rennens eine klare strategische Linie, selbst in den scheinbar unbedeutendsten Momenten. Kleine oder grössere Tricks auch, die hier und dort ein paar Minuten bringen. Irgendwann sind drei oder vier Tage vorbei, und die Gegner stellen verblüfft fest: Jure ist weg. «Wer ihn einmal vor sich fahren lässt, befindet sich bereits in einem sinkenden Boot», schrieb der RAAM-Veteran und Journalist Perry Stone in einer Vorschau auf das RAAM 2009.

IMMER DRANBLEIBEN Der Schlüssel im Kampf gegen Robic liegt also in den ersten 48 Stunden. 2008 hatte der Österreicher Gerhard Gulewicz die Nerven, Robic von Anfang an zu attackieren. Der realisierte damals schnell: Wenn Gerhard dieses Tempo bis über die Anstiege von Arizona hinaus halten kann, wird er, Robic, ein Problem haben. Es kam nicht so weit. Gerhard wurde Opfer seines Ehrgeizes und musste das Rennen nach einem Horrorsturz aufgeben. Weil er keine Minute auf Jure einbüssen wollte, zog er freihändig seine Jacke bei voller Fahrt aus, anstatt kurz anzuhalten. Der Jackenärmel verfing sich in den Speichen, was ihn ruckartig zu Boden riss. Er stürzte mit dem Gesicht auf den Asphalt, brach sich Jochbein und Nase und sah fürchterlich aus. Er bestand darauf, nach der Notversorgung im Krankenhaus weiterzufahren, aber der Arzt nahm ihn aus dem Rennen.

Robic gewann zum vierten Mal: in 8,23 Tagen, mit einem Vorsprung von 18 Stunden. Viermal, das hatte vorher noch keiner geschafft. Spätestens jetzt galt Robic als unschlagbar. Wie immer schienen er und seine Crew sich um Zeitstrafen nicht zu kümmern. Man hatte sogar den Eindruck, als nähmen sie Penaltys absichtlich in Kauf, um möglichst schnell voranzukommen. Bei einem Vorsprung von zehn Stunden oder mehr – welche Rolle spielt da ein Penalty von 1,5 Stunden?

Robic hat jedenfalls noch kein RAAM ohne Zeitstrafen beendet. Dani hatte in drei RAAM nur eine, und die kam ausserhalb des Rennens zustande: Das

Als Bergfahrer liebt Dani die Rollers nicht besonders.
Hier ist die Gefahr, dass er Zeit verliert, am grössten.

Wyss-Medienteam war 2006 mit einem rolling stop über eine Kreuzung in Colorado gefahren. Obwohl das Medienfahrzeug eines Teams nicht direkt im Rennen fährt, gelten dieselben Regeln wie für die anderen Autos.

ERSTER GROSSER FEHLER Dieses Jahr rollt Jure Robic bereits mit einem 15-Minuten-Penalty in Oceanside über die Startlinie. Er hatte bei der Vorstellung der Athleten die Bühne verlassen, um nebenan einen Busch zu wässern. Eine Polizistin, sichtlich empört, meldete den Vorfall der Rennleitung. Sie hätte ihn auch verhaften können. Schon einmal, 1990, wurde deshalb ein RAAM-Champion aus dem Rennen heraus verhaftet. Paul Solon wurde wegen Erregung öffentlichen Ärgernisses irgendwo im Mittleren Westen eingesperrt. Er kam erst zwei Tage später gegen Kaution wieder frei.

Das Rennkomitee war von der Respektlosigkeit Robics irritiert. «Ausgerechnet der RAAM-Rekordsieger brüskiert uns derart?» Doch das Rennen wartete, und so beschliesst man einen 15-Minuten-Penalty. Seine Konkurrenten schütteln den Kopf. Die einen finden, das sei die typische Arroganz des Seriensiegers. Christian Hoppe vom Team Dani Wyss hingegen wundert sich: «Warum macht er so etwas? Ist er nervös?» Die Strategie für Dani war nun jedenfalls erst recht klar: nicht wegfahren lassen, schön dranbleiben. Irgendwann können 15 Minuten in einem Rennen über mehr als acht Tage eine grosse Rolle spielen.

Am Kreisel bei Borrego Springs ist am späten Nachmittag der Teufel los. Hier dürfen die Wohnmobile der Teams zum ersten Mal auf die Rennstrecke. Vom Start weg wurden sie umgeleitet, und jetzt stehen sie hier Stossstange an Stossstange. Teams, Medienleute, Zuschauer, Rennleitung: alle warten nervös auf die ersten Fahrer. The race is on! Als die beiden Spitzenfahrer Robic und Wyss auftauchen, herrscht ein Lärm wie bei einem Fussballspiel. Geschrei, Gehupe, Gepfeife, Getrommel: «Yeah! Go!» Leader Robic geniesst den Auftritt und fährt prompt falsch. Dani, keine zehn Meter hinter ihm, donnert hinterher.

Das Geschrei der Leute ist unbeschreiblich: «Wrong way!» Dani realisiert den Fehler zuerst, blickt sich rasch um, spurt links ein und dreht regelkonform um. Als Erster fährt er nun erneut in den Kreisel ein. Jure folgt 50 Meter hinter ihm. Die Leute am Strassenrand toben. Diese Szene sollte sich als symbolisch für das RAAM 2009 herausstellen: Plötzlich ist der Favorit hinten, sein Herausforderer führt. Und dann geschieht etwas, was die Schweizer aufmerksam registrieren: Jure Robic schleudert seine Wasserflasche auf die Strasse. Er ist wütend. Vielleicht ist er auch das, was Christian schon am Start vermutete: nervös.

Spitzensport: Manche Medien berichten kritisch, andere heizen nur den Hype an.

Dopen, koksen und betrügen

Glaubwürdigkeit im Spitzensport?

Wo ist die Glaubwürdigkeit des Spitzensports? Eine obsolete Frage. Der Sport braucht gar keine Glaubwürdigkeit. Denn der Sport startet in Sachen Ethik ausser Konkurrenz. Das heisst nicht, dass wir keinen glaubwürdigen Sport gebrauchen könnten: als Instanz für Redlichkeit, Verlässlichkeit, Fairplay, Freundschaft, für Emotionen, Sehnsucht, Sieg und Niederlage. Für etwas Gutes. Der Berliner Sportsoziologe Gunter Gebauer sagte dazu in der Zürcher *Sonntagszeitung:* Öfter als in der Kunst ist es im Sport, als würde ein Kind von Gott geküsst. Man hat etwas gutzumachen in der Welt, die ausserordentliche Leistung ist eine Gnade. Man spricht nicht zu Unrecht von begnadeten Sportlern. Doch ist nur noch die Struktur dieses Glaubens vorhanden, der Inhalt ist längst weg.

Geblieben sind Sehnsüchte, doch die Realität ist schnell und hart. Alles ist möglich. Sport ist Trend, Kommerz, Show. Redlich? Die Menschen wollen es gar nicht wissen, solange die Show stimmt. Helden müssen her. Helden sind Kult. Das hat etwas Heidnisch-Religiöses. Das war schon, um es mal etwas komödiantisch zu sagen, so zu Zeiten der Gladiatoren-Bundesliga am römischen Samstagnachmittag, oder wenn Löwen zur Primetime Christen zerfleischten. Ging da wohl alles mit rechten Dingen zu? Hat sich je ein Römer darüber den Kopf zerbrochen, was die Löwen, die diese armen Schweine in Fetzen rissen, was die vorher zu trinken kriegten? Da zählte nur die Leistung! Wenn die stimmte, und das kann man unbestritten behaupten, fragte kein Mensch danach, ob so ein Löwe sauber war oder nicht.

DOPINGFREIER SPITZENSPORT ist Mythos, massenuntauglich. Masse bedeutet im Sport Fernsehen. Spätestens mit dem Fernsehen beginnt der Kommerz. Dann kommt richtig Geld ins Spiel, es wird professionell. Dann wollen plötzlich alle dabei sein, immer mehr davon haben. Aber es ist nicht grenzenlos viel da. Gekämpft wird nicht um Sekunden, Tore und Weiten, sondern um Anteile. Der Athlet als Protagonist, und hinter ihm unzählige Shareholders, die die Fäden ziehen.

August 2009, Leichtathletik-Weltmeisterschaften. 170 Fernsehsender übertragen das Spektakel weltweit, allein ARD und ZDF berichten 55 Stun-

Sobald das Fernsehen dabei ist, wird der Sport zur Edelnutte der Medien.

den live. Wird das Publikum folgen oder sich abwenden? Es guckt hin. Wir wollen doch sehen, wie ein Bolt den Weltrekord rennt. What a party! Wir schwärmen zwar nicht mehr wie einst, rümpfen eher argwöhnisch die Nase – ob der sauber ist? – und machen noch ein Bier auf. Na wenn schon. Sport ist schliesslich nicht alles in der 24-Stunden-Show mit MTV, People, Sex and Crime, viel Schein, wenig Sein.

DOPING ALLERORTS? Was wir wissen, ist nur die Spitze des Eisbergs. In anderen Sportarten ist Doping kein öffentliches Thema. Clevere, mächtige Verbände wie etwa die FIFA im Fussball – ein straff geführtes, dichtes Organisationssystem, eine Art Weltkonzern – halten ihren Sport systematisch aus dem Doping heraus, indem sie ihn abschotten. Schliesslich geht es um Milliardenbeträge aus Sponsoring, TV-Rechten und Merchandising-Lizenzen.

Nicht nur im Radsport agieren dubiose Figuren im Hintergrund. Junge Sportler haben es in diesem System schwer.

Zum Radsport: Einer, der hier für Glaubwürdigkeit steht, er heisst Cancellara, wird entweder gerade Olympiasieger oder Weltmeister. Die Medien himmeln ihn an wie jeden, von dem die Leute gerne reden. Machen ihn zur Showfigur. Bemerkenswert, dass er in einem Interview sagt: «Heute einen Coach zu finden, der 30 Jahre Erfahrung hat und keinen Dreck am Stecken – das ist fast unmöglich.» Sein Teamchef und Coach Riis ist ein überführter Doper. Ja, es ist ein Kreuz!

CANCELLARA WURDE GROSS in einer Zeit, in der ein Armstrong jahrelang seine Konkurrenz dominieren konnte, obwohl die nachweislich bis über die Hirnanhangdrüse hinaus pharmakologisch tiefergelegt war. Beispiel Ullrich: Ein Verfahren gegen ihn mit dem Ergebnis, dass er gedopt habe, wurde im April 2008 gegen Zahlung einer sechsstelligen Summe eingestellt (Quelle: *Sport-Bild.de*). Wobei man gerade hier noch die Frage nach der Glaubwürdigkeit der Justiz stellen könnte. Weitere Namen überführter und gesperrter Armstrong-Konkurrenten: Basso, Landis, Mayo, Vinokurow, Di Luca, Boonen, Virenque, Rassmussen, Kohl, Camenzind, Hamilton, Jaksche. In Dopingskandale verwickelt, aber nicht juristisch überführt: Zabel, Mancebo, Botero, Sevilla... (Diese Liste ist nicht vollständig. Der Verlag weigerte sich, die geplante Seitenzahl dieses Buches zu verdoppeln.)

Der Wunderathlet Armstrong. Stets sauberer als die anderen – und besiegte sie immer! 2009 steigt er wieder in die Tour-Arena und hetzt einen gewissen Contador durch Frankreich. Der steht auf der Kundenliste des Dopingarztes Dr. Fuentes. Trotzdem durfte sich Contador von Armstrong hetzen lassen, der immerhin zugeben musste, von einem italienischen Arzt namens Dr. Ferrari, Dopingarzt, beraten worden zu sein. Glaubwürdig?

Die Doper Hamilton, ein alter Spezi Armstrongs, und der Schweizer Camenzind waren einst bei einem Herrn Rihs angestellt, Grossaktionär einer Firma, die jahrelang Millionen in ihren Rad-Rennstall investierte. Und neben ein paar Lorbeeren vor allem Dopingskandale einheimste. Doch Sponsoring als Marketingmassnahme bietet ein hervorragendes Preis-Leistungs-Verhältnis, wie 2004 die *Frankfurter Allgemeine* erklärt: Vermutlich weiss Rihs nach drei Skandalen, dass der Werbeeffekt von Dopingaffären grösser ist als der Schaden. Dazu braucht er bloss auf den Aktienkurs (seiner Firma, Red.) zu schauen, was er gewiss tut, weil er 13 Prozent des Kapitals besitzt. Der Kurs hat sich seit einem Jahr verdoppelt. Selbst nach dem Rücktritt von Camenzind ist der Kurs gestiegen.

ECHTE HELDEN SIND ANDERS Wer sind nun die echten Helden, Vorbilder und Idole des Radsports? Die dopenden Millionäre? Oder die Hobbysportler, die neben Familie und Beruf, ohne Sponsoren, Ausrüster, Masseur, Mechaniker und Coach ihr Bestes geben? Sich in der Freizeit mit hartem Training, Omega3-Lachsöl und Winforce-Sportnahrung auf ihre fünf Saisonrennen vorbereiten? Oder ein Dani Wyss, der seine Familie mit einem Teilzeitpensum durchbringt, damit er trainieren kann und dessen Kinder nach seinem RAAM-Sieg 2009 zum ersten Mal das Meer sehen? Der seit

25 Jahren dopingfrei Rad fährt, heute grössere Leistungen bringt als die getunten Profis, und dafür nicht einmal Geld bekommt? Es ist schon kurios: Dani ist glaubwürdig, aber die Stars sind trotzdem andere.

Überall wird gedopt, gekokst, betrogen, profitiert. Fussballer und Schiedsrichter verschaukeln Spiele, Rennställe Formel-1-Rennen. Schwimm-Weltrekorde sind nachweislich nur dank auftriebsfördernder Anzüge möglich. Glaubwürdig? Sport ist ein Spiegel der Gesellschaft, in der er stattfindet. Da gibt es Licht und Schatten. Fatal ist aber, dass Sport nach wie vor eine Vorbildfunktion für junge Menschen hat. Welche Schlüsse in Form von Werten und Haltungen sie aus diesen Vorbildern ziehen, und welche Auswirkungen dies auf die Entwicklung unserer Gesellschaft haben wird, wissen wir heute nicht. Aber wer nachdenkt, ahnt, es könnte ungemütlich werden.

Der Mensch ist, indem er ignoriert. Wir alle wissen, dass wir unsere Umwelt zugrunde richten, und ändern unser Verhalten kaum. Wir wissen, dass der Spitzensport vielerorts eine lumpige Betrugsstory ist, trotzdem begeistert er Millionen. Spitzenradfahrer sind in Dopingskandale verstrickt. Doping ist Betrug. Dennoch bekommen wir leuchtende Augen, wenn wir bei einem Jedermannrennen gegen einen der Alt-Dopingstars antreten dürfen. Würden wir sonst im Leben einen Betrüger neben uns achten? Dass Armstrong 2011 am RAAM starten will, wird selbst von kritischen Insidern wie Christian Hoppe begrüsst: «Der soll nur kommen.» Vielleicht weil er weiss, mit Armstrong am RAAM wird alles anders. Dann wachen die Medien plötzlich auf, das RAAM wird für sie salonfähig. Und so mancher Sponsorenbeitrag ist dann möglich. Glaubwürdig?

ROLLE UND MACHT DER MEDIEN Sport ist nicht Mord, aber Betrug. Wie sollen wir uns also entscheiden? Für oder gegen ihn? Ist die Entscheidung nicht längst getroffen? Wo sich Lust und Unlust, Sitte und Unmoral, Verlässlichkeit und Verlogenheit begegnen, siegt meist die Gewohnheit. Also der Sport. Brot und Spiele. Die Medien heizen alles an, das Publikum folgt. Die Einschaltquoten von ‹Weltklasse Zürich› lagen 2009 mit 30,2%

Die Schwimmweltrekorde 2009 sind eine Farce: Sie kamen mit Anzügen zustande, die bereits wieder verboten sind.

so hoch wie schon lange nicht mehr. Obwohl kurz vorher – die Medien hielten die Story klein – aus dem jamaikanischen Wunderteam um Bolt einige Sprinter wegen Dopings aus dem Verkehr gezogen wurden. Die Medien verdienen prächtig am Sport. Der Sport ist ihre Edelnutte: eigentlich pfui, aber immer hui.

Medien haben ihre eigenen Gesetze. Ein Amateurrennen wie das RAAM findet unter fast völliger Nichtbeachtung der Schweizer Medien statt. Warum? Weil eine alte Journalistenregel sagt: Was die Leser interessiert, bestimmen immer noch wir! Man berichtet über Orientierungslauf, einen Sport, bei dem man mit einem Zettel in der Hand durch den Wald rennt. Nichts gegen diese Sportler, jeder faire Sport verdient Respekt. Es geht nur darum, die Relationen herauszuarbeiten. Es gibt allein in der Schweiz mindestens 50 000 Hobby-Rennradler, Velofahren steht mit 35 % unangefoch-

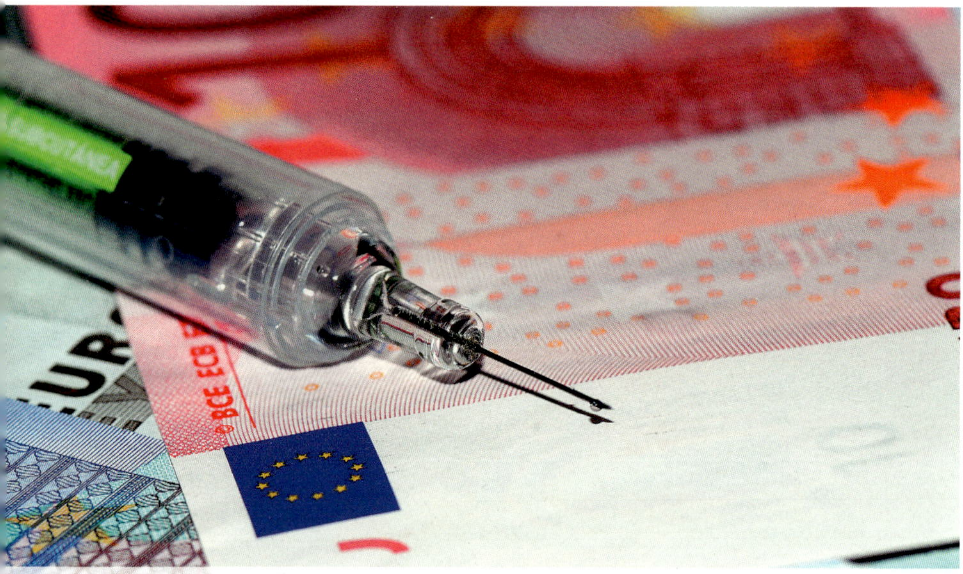

Betrug: Mit Doping werden Millionen verdient. Ein Hohn, dass Doper nach einem Jahr Sperre wieder starten dürfen.

ten an der Spitze des Schweizer Freizeitsports. Orientierungslauf betreiben hierzulande höchstens 3000 Menschen. Platz im Blatt gibt's auch gerne, wenn sich Medienleute selbst darstellen, etwa im *Tagesanzeiger* als Vorschau zur ‹Zürimetzgete› 2008. Da strampelte ein Journalist vorab über die Rennstrecke. Und dies – welch Wunder – nicht besonders schnell. Jöh! Das war wirklich spannend!

Über das RAAM hingegen schrieb ein Zürcher Sportjournalist: «Ein Rennen für ältere Männer, die sich und den andern noch mal etwas beweisen müssen.» Solche Aussagen sind typisch für die Mentalität hierzulande: Missgunst, Neid und Verbissenheit. In den USA sagen die Leute: «Hey, great!» Hier sagt man: «Scho no verruggd!» Den Sieg von Dani Wyss 2009 erwähnte keine grössere Schweizer Zeitung. Während Tausende Fans das Rennen im Internet verfolgen, weiss man in den Zürcher Redaktionsstuben vielleicht gar nicht, dass das RAAM stattfindet. Das Österreichische Fernsehen ORF hingegen schickt eine Filmcrew, die Presse in Österreich berichtet laufend.

DAS TEAM DANI WYSS verzichtet 2009 bewusst auf Medienarbeit. «Lieber machen die eine Seite über eine Dopingveranstaltung wie die Tour als einen Zehnzeiler übers RAAM», sagt Teamchef Christian Hoppe im März bei einer Sponsoren-Präsentation. «Ihr könnt nicht mit Medienpräsenz rechnen.» Man entscheidet sich für Unternehmen wie SFS Locher, Winforce, SRP und Solution Providers, die nicht auf die Medien schielen, sondern aus Enthusiasmus und Überzeugung dabei sein wollen. Und weil sie wissen, welche Botschaften sie damit verknüpfen können: Teamwork, Verlässlichkeit, Begeisterungsfähigkeit, Qualität. «Wir leben diese Werte und kommunizieren sie unseren Mitarbeitern, Kunden und Partnern – auch indem wir jemanden wie Dani Wyss unterstützen», sagt Roman Rogger, Chef von SFS Locher. Das sieht Ralph Mogicato, CEO von Solution Providers, genauso: «Wir haben 120 Mitarbeiter und alle sind Fans von Dani Wyss. Wir identifizieren uns mit ihm und seinem Team, weil wir alle den Teamspirit leben. Das ist unsere Botschaft an Kunden und Partner. Dazu brauchen wir die Medien eigentlich nicht.»

Winforce, der Sporternährungshersteller in Menzingen, kommuniziert auf seiner Website sein Engagement für Wyss. Jeder in der Ausdauersport-Szene weiss, dass Winforce hinter Dani Wyss steht. Das ist effizienter als die Erwähnung auf der Sportseite einer Tageszeitung mit ihrem Mix aus Kommerz und Willkür.

Die Wette gilt: Würde ein Sponsor alle Journalisten-Spesen übernehmen, gratis Fotos und Pressetexte liefern, und noch ein Inserat schalten – was gäbe es für tolle Stories übers RAAM! So funktioniert effiziente Medienarbeit. Man sieht es im Segelsport, für den sich normalerweise ausser Seglern kaum jemand zu interessieren scheint. Doch wenn bei Alinghi irgendwo eine Trimmschot ausgewechselt wird, steht es in den Zeitungen. Money makes the world go round!

Dani fährt mit rundem Tritt
nach Osten. Wie lange noch?

Alarm in Arizona

Desaster an der Interstate 10

Als Dani morgens um 2.46 Uhr die Zeitstation 3 in Blythe passiert, hat er 232 Meilen hinter sich gebracht. 2784 liegen noch vor ihm. Alles läuft nach Plan. Er führt das Feld knapp an. Dass er kurz nach Mitternacht ins Auto gekommen war und erst nach leichtem Durchfall weiterfuhr, hatte das Team nicht weiter beunruhigt. Dies ist die Phase, in der Körper und Gehirn auf die Extremsituation umstellen müssen, die nun gut acht Tage herrschen wird.

Physiologisch gesehen sind diese ersten 20 Stunden die heikelsten. Alles rebelliert. Der Stoffwechsel gerät völlig durcheinander. Der Kopf sagt: Fahren, und zwar schnell! Der Körper fragt: Was soll der Quatsch? Dazu kommen die Emotionen, der Schlafentzug, das Klima. Man startet am kühlen Strand von Oceanside, und schon 25 Meilen östlich kämpfen sich die Athleten die ersten paar hundert Höhenmeter hinauf durch einen trockenen, staubigen Glutofen. Und es ist keine Radtour: Das Rennen läuft, das Tempo ist hoch. Doch aus medizinischer Sicht hat längst die Problemzone begonnen: der lange und risikoreiche Übergang des normalen Stoffwechselzustandes in den Wunschbereich, den ‹Steady State›, das Fliessgleichgewicht.

Im Steady State herrscht ein harmonisches Gleichgewicht im Körpersystem. Dann fliessen regelmässig in kleinen Dosen Nahrungssubstanzen ein, werden zu Energie verarbeitet und die Reaktionsprodukte wieder herausgeschleust. Konkret heisst das für Dani, acht Tage lang aus der Flasche zu nuckeln: Wasser, Zucker, Eiweiss, Mikronährstoffe wie Vitamine, Spurenelemente etc. Dazu jede Stunde etwa 30 Gramm Fett, serviert durchs Autofenster, ein rosa Gel in einem Plastikbecher. Feste Nahrung ist tabu – bis zum Ziel in Annapolis.

Im Steady State regeneriert der Athlet während der Belastung, und entgegen der Trainingslehre nimmt Dani weit mehr als die üblichen acht bis zwölf Prozent Proteine zu sich. Der Mix mit Fett und Eiweiss ist laut Christian Hoppe der Schlüssel zum Erfolg. Doch der Weg zum Fliessgleichgewicht ist hart. Kaum einer, der da nicht mit Magenproblemen reagiert. So gese-

Verpflegung immer rollend: Die Crew führt minutiös Buch über jede Kalorie, die sie Dani serviert.

hen liegt Dani trotz seiner mitternächtlichen Durchfallepisode im grünen Bereich. Doch Christian ist alarmiert. Denn diesmal haben er und Remo Gugolz von Winforce etwas Neues ausprobiert. Ein Fehler?

FLASCHENNAHRUNG Anstatt die Nährstoffe wie bisher getrennt zu verabreichen, mischte man alles zusammen und gab noch etwas Taurin dazu, eine Aminosulfonsäure zur Beschleunigung des Stoffwechsels, die man auch in Energy Drinks findet. Wie ein sechsgängiges Menü, das man durch den Mixer lässt und als Brei löffelt. Dazu erhält Dani Makronährstoffe in einem separaten, schwer verdaulichen Produkt. Im Steady State funktioniert das. Aber in den ersten Stunden ist diese Ernährungsstrategie «ein Spiel auf Messers Schneide», so Christian. Bekommt er zu viel, verweigert sich sein System. Bekommt er zu wenig, steigt bei diesem Tempo die Gefahr der Hungerast, einem plötzlichen Leistungsabfall. «Trennt alles wie früher und reduziert die Dosis um 20 Prozent», ordnet Christian an. «Das Risiko ist zu gross.» Er weiss zu diesem Zeitpunkt noch nicht, dass es noch viel schlimmer kommen wird.

Dani fährt gleichmässig. Dynamisch schaltet er zwischen dem 15er und 16er Kranz hin und her. Man sieht ihm nicht an, dass etwas nicht stimmen könnte. Alle fünf Minuten nippt er an seinem Bidon, kurbelt mit 91 Umdrehungen im Scheinwerferlicht des Pacecars. «Dani, alles okay?», fragt Stephan. Die Antwort kommt prompt: «Alles gut.» Doch keiner kann ihm von hinten ins Gesicht sehen, sieht die gequälten Augen, den Mund dünn wie ein Strich. Keiner weiss, dass es ihm nicht gut geht. Er will die anderen nicht beunruhigen. Er glaubt, die Krise gehe wieder vorüber. Er kennt das ja. Ausserdem hat man vor dem Rennen verabredet: kein Jammern, keine Zipperchen. «Echte Probleme sofort melden. Für deine Wehwehchen interessieren wir uns aber nicht», so die Devise. Dani hat diese Strategie akzeptiert und verinnerlicht.

Er ist eh keiner, der ein Wort zu viel sagt. Eher zwei zu wenig. Bei einem Langstreckenrennen wie dem RAAM kann das zum Problem werden. «Nur er weiss genau, wie es ihm geht, er muss es uns sagen, damit wir möglichst schnell reagieren können», sagt Stephan.

Doch Dani schweigt vor sich hin. Bis es zu spät ist. Kurz nach der Einfahrt auf die Interstate 10, an der Grenze zu Arizona, beginnt die Strasse etwa zwölf Meilen anzusteigen. Das Rennen ist gerade mal zwölf Stunden alt. Dani wird langsamer. Seine Bewegungen werden unrund, der Oberkörper hängt nach vorne, die Schultern stehen schief. «Dani, was ist los?», ruft Stephan. «Ohhh», ist alles, was von Dani zu hören ist. «Daniii!» Der schleicht mit 7 km/h auf der Interstate. Er bricht völlig ein. «Es war, als hätte jemand den Schalter auf Null gestellt», erinnert er sich später. «Ich war kraftlos und hatte Angst, jeden Moment in die Hosen zu machen.»

Stephan ahnt, was los ist. «Jetzt ist es passiert», murmelt er. Dani ist überladen. Während die Konkurrenten auffahren und sich ärgern, weil sie auf diesem Streckenabschnitt nicht überholen dürfen, quält er sich die acht Meilen bis zur nächsten Ausfahrt. Taumelt vom Rad, lehnt es ans Auto und legt sich auf den Boden. Stephan kniet neben ihm, tastet seinen aufgeblähten, harten Bauch ab. Reflexartig dreht er ihn zur Seite. Dani erbricht. Heidrun kann es kaum glauben. Entsetzen steht in ihren Augen. «Oh Gott», denkt sie, «der ist todkrank. Ist jetzt alles vorbei?» Sie rennt zum Auto und ruft im Wohnmobil an. «Wir stehen! Er kotzt», ruft sie ins Telefon. «Kommt sofort her!»

Dani kauert jetzt im Campingstuhl. David hatte in Palm Springs aus der Sitzfläche mit dem Teppichmesser ein Handteller grosses Loch herausgeschnitten. Keiner ahnte, dass dieser Klapp-Donnerbalken schon so bald zum Einsatz kommen sollte. Heidrun massiert Dani Bauch und Rücken. Wieder erbricht er, dann folgt ein Schwall aus dem Darm. «Er ist nicht krank», sagt Stephan, während sie auf Christian und die Crew warten. «Der kommt schon wieder. Das muss jetzt erst mal alles raus. Ein bisschen Ruhe, Zucker, Salz und Wasser, dann fährt er wieder.»

KLAPPERSCHLANGE AM RAAM Stephan, der alte Fuchs, bleibt völlig ruhig. Er verzieht auch keine Miene, als ein verdächtiges Geräusch aus dem nahen Gebüsch zu hören ist. Im Schein des Autolichts schlängelt sich eine Klapperschlange keine drei Meter an ihnen vorbei. Stephan wirft einen Stein. Die Schlange versteht die Botschaft und verschwindet genauso schnell, wie sie aufgetaucht ist. Wahrscheinlich denkt sie: Die haben schon genug Probleme, einen habe ich so erschreckt, dass er sich in die Hosen macht. Heidrun blickt ihr nach, schluckt leer, dann wendet sie sich wieder Dani zu.

Es dauert keine zehn Minuten, bis die anderen aus der Nacht auftauchen. Eben erst hat sich die Crew 1 aufs Ohr gelegt, als der Anruf kam. Bewusst hatte man das Wohnmobil zurückfallen lassen, um im Notfall von hinten kommen zu können. Hätte man hier auf der Interstate zurückfahren, umkehren und wieder nach vorne fahren müssen, wäre wertvolle Zeit verloren gegangen. An solchen Details zeigt sich die Erfahrung und Professionalität des Team Dani Wyss.

Ab Tag drei tun die Knie weh: Flector-Tissuegels sollen die Schmerzen lindern.

«Oh, der sieht ja aus wie der Tod», fährt es Christian durch den Kopf, als er Dani erblickt. Er legt ihm eine NHC-Kochsalz-Infusion und verabreicht ihm ein Paspertin gegen Übelkeit. Heidrun lehnt am Auto und heult leise. «Das kann doch nicht sein. Er war doch in bester Verfassung. Alles lief wie geplant», murmelt sie. Langsam beruhigt sich Dani. Sie waschen ihn, Heidrun steckt ihm die Stöpsel in die Ohren. Dann legen sie ihn warm zugedeckt zum Schlaf hin. Dani starrt ins Leere. Für ihn ist eine Welt zusammengebrochen. Immer wieder kreisen seine Gedanken um die bange Frage: «War es das schon?»

Dann sinkt er in tiefen Schlaf. Nach 50 Minuten wecken sie ihn. Dani schwebt einen Moment zwischen Traum und Realität. Er will noch ein paar Minuten herausschinden, dreht sich langsam um, schliesst die Augen und stöhnt leise. Weiss noch gar nicht, wo er ist. Jetzt merkt er, was los ist. «Was machst du hier eigentlich?» fragt er sich. «Dani, du willst das RAAM gewinnen. Du musst aufstehen. Sofort!»

Er rutscht auf die Knie, schiebt den Hintern nach hinten wie ein Kleinkind, richtet den Oberkörper langsam auf. Dann klettert er aus dem Auto und steht mit wackligen Beinen da. Er schlottert am ganzen Körper. Obwohl es 30 Grad warm ist, verlangt er mit einem Handzeichen eine Jacke. «Geit scho», sind seine ersten Worte seit dem Zusammenbruch. Vorsichtig macht er ein paar Schritte. Ein Truck donnert vorbei, warme Wüstenluft bläst ihm ins Gesicht. «Ich fahr jetzt wieder los», murmelt er zu Christian, der ihm Puls und Augen kontrolliert.

ARIZONA IST NOCH NICHTS Nach genau zwei Stunden Zwangspause biegt Dani wieder auf die Interstate 10 ein. Die ersten paar Meilen sind noch sehr wacklig, langsam sucht er seinen Tritt. Doch er ist wieder unterwegs! Nach etwa fünf Meilen kommt er besser in Fahrt. Er nimmt einen Schluck aus der Flasche, schaltet auf den 21er Kranz und dreht wieder 65 Umdrehungen. «Hey, du fährst ja wie ein Moped», sagt Christian. «Sieht gut aus.» Dani murmelt etwas Unverständliches in sein Helmmikrofon. Noch 38 Meilen bis zur nächsten Zeitstation in Salome, Arizona. Es ist kurz vor 5 Uhr morgens.

Der Horizont schimmert violett, darüber ein schmaler, weisslicher Streifen und das stählerne Hellblau des Himmels. Endlos. Dani hat keinen Blick dafür. Seine Gedanken sind auf seinen Körper fokussiert. Auf jede Pedalumdrehung, jeden Atemzug. «Wieder auf Touren kommen», sagt er sich. Erleichtert stellt er fest, dass er sich besser fühlt. «Das Schlimmste ist vorbei», denkt er. Diese Kraftlosigkeit, die Leere. Nur noch Sterben wollen, wenn die gallige Magenflüssigkeit heraufwürgt. Der Geschmack des Erbrochenen kommt ihm in den Sinn, er fühlt es noch mal, das Würgen. Er sieht das Bild, wie er sich vom Rad quält und auf den Boden sinken lässt. Nathalie sieht er, die Kinder. Er schiebt die Bilder fort. «Ich bin wieder im Rennen! Wo sind die anderen? Arizona, das ist noch nichts, wir sind noch nicht einmal in Flagstaff. Los!»

Irgendwann sagt Dani: «Musik wäre jetzt nicht schlecht.» Man spielt für ihn, was er gern hat. ‹Anita› hallt durch die Nacht Arizonas. Der Leader Dani Wyss ist auf Rang acht zurückgefallen. Er musste zu Boden und war bereits angezählt. Dann stand er wieder auf. Jetzt spürt er Kraft und Mut zurückkommen. Okay, zwei Stunden verloren. In der ersten Nacht, in der keiner schläft. Ein Boxenstopp, der nicht vorgesehen war. Aber irgendwann müssen alle mal schlafen. Auch Jure Robic. Langsam wird ihm klar: alle Gegner sind vor ihm. Sie werden jetzt müde und langsamer. In diesem Moment spürt er: Das ist meine Chance! Ich greife von hinten an. Irgendwann wird Jure vor mir auftauchen. Dann werde ich ihn jagen. Ihm Raum lassen, aber er wird immer wissen: Ich bin da. Das macht ihn nervös, und er wird Fehler machen.

Vor ihm liegen zwei typische Wüstenanstiege, lang und gleichmässig, gut und rhythmisch zu fahren. Fast kurbelt er wieder, als wäre nichts gewesen.

Schock auf der Interstate: Dani bricht ein.
Ist das Rennen nun zu Ende?

FLIR

In den Bergen von New Mexico regnet es:
kein gemütlicher Tag für Dani.

Auf Elchjagd in den Rockies

Das Rennen rollt durch Indianerland

Während sich Dani Wyss am Strassenrand die Seele aus dem Leib kotzt, zieht Jure Robic mit kräftigem, rundem Tritt durch die Nacht. Seine Spione haben den Crash des Konkurrenten gemeldet. Jure ist zufrieden. Er führt. Und jetzt könnte die Gelegenheit kommen, auf die er gewartet hat: seine Verfolger endlich abzuschütteln. Zeigen, wer der Herr im Haus ist. Wie immer im richtigen Moment die Gegner distanzieren. Auf und davon, und dann den Vorsprung clever verwalten. Doch ist das wirklich der richtige Moment? Am Horizont vor ihm tauchen orange Blinklichter auf. Das muss ein Fahrer aus der Race-across-the-West-Wertung sein (das Rennen parallel zum RAAM mit 1000 Meilen bis Taos, New Mexico). Jure schätzt die Distanz auf etwa drei Meilen. Bald merkt er: Der andere kommt näher. Er ist langsamer, deutlich langsamer sogar. Jure fährt jetzt 14 Meilen/Stunde, der andere höchstens 11. Er grübelt. Das könnte ein grosses Problem werden. Denn auf der Interstate 10 darf er nicht überholen. Jure flucht, tritt schneller. Immer wenn er sich ärgert, tritt er schneller. Was soll er tun?

Jetzt kommen die Climbs, die Anstiege in die Rocky Mountains. Die nächsten 48 Stunden steigt die Strecke von etwa 1000 Meter Höhe bis hinauf zum La-Manga-Pass in Colorado auf fast 3300 Meter. Dieser Abschnitt ist eine der Vorentscheidungen im RAAM. Obwohl: Eigentlich ist das RAAM 3000 Meilen lang eine Vorentscheidung der Vorentscheidung der Vorentscheidung. Sonst wäre es ja nicht das härteste Radrennen der Welt. Die Gefahr der Rockies liegt in der Höhe. Sie ist die grösste Herausforderung für die Gesundheit der Athleten: Die Belastung durch den Schlafentzug und die Temperaturschwankungen nach der Wüste, die Nahrungsumstellung und die dünne Luft machen sie anfällig für Infektionen. Hier zeigt sich, ob das Immunsystem diesen enormen Druck aushalten kann, oder ob irgendwo ein Leck auftaucht. Die meisten DNF (Did Not Finish) im RAAM entscheiden sich in oder direkt nach den Rockies. Etwa in der feuchten Hitze von Kansas. Christoph Strasser wird das bald zu spüren bekommen.

MIT ACDC IN DIE BERGE Robic kennt die Härte der Berge. Sollte noch Regen dazukommen, werden die Rockies bei diesem Tempo ein harter Brocken für ihn. Da wäre ein Vorsprung von einer Stunde oder mehr nicht nur

Jeder Stopp läuft hochkonzentriert und nach genauem Plan ab. Nur so kann man das Rennen gewinnen.

Balsam für seine bisher schon etwas gebeutelte Seele. Er wäre vor allem ein wichtiger Zeitpuffer, der es ihm erlaubte, in den harten Passagen etwas Druck herauszunehmen. Und jetzt dieser ‹Westler› vor ihm. Inzwischen hat er ihn eingeholt. Fast drei Meilen schleicht er hinter ihm her. Das Team im Pacecar ist unruhig. ACDC hämmert durch die Nacht, immer wieder unterbrochen durch Diskussionen mit Jure. Sie beschliessen zu überholen. Es wird Robic eine weitere Zeitstrafe von 15 Minuten einbringen. Ein klassischer, taktischer Robic-Penalty. Denn von hinten kommen die Gegner, unaufhaltsam. Bis Flagstaff will er aus diesen 15 Minus-Minuten ein Zeitpolster von einer Stunde gemacht haben. Er gibt Gas. Mit einem Schnitt von 18,8 mph (30,25 km/h) erreicht er die Zeitstation 4 in Salome. «Es scheint, als sei dieses RAAM ein ganz gewöhnlicher Bürotag für Jure», schreibt Perry Stone, der ihn erwartet. «Just another day in office.» Jure hat zwar Mühe, baut aber seinen Vorsprung kontinuierlich aus. Er führt nun vor seinem grössten Konkurrenten Dani Wyss, ohne Penalties, mit einer Stunde und 50 Minuten.

Dani kommt morgens um zehn vor fünf in Salome an. Was heisst ankommen: Ohne abzusteigen passiert er die Zeitstation und pedalt weiter auf der US 60 nach Nordosten. Die Magenprobleme sind vergessen. Die Stimmung im Team hat sich längst beruhigt. Die Crew 1 mit Martina, Michael und Christian fand ein paar Stunden Schlaf. Na ja, Schlaf. Christian jedenfalls lag zwar flach, konnte aber nicht einschlafen. Zuerst flog er in einer Kurve aus dem Bett. Ausserdem geisterte ihm zu viel durch den Kopf: Selbstvorwürfe wegen des Magenproblems, Taktik, Fragen ums Team. Als sie drei Stunden später Congress erreichen, hat der Teamchef seit über 30 Stunden nicht mehr geschlafen.

DIE KONKURRENTEN STAUNEN Dani hat sich stabilisiert, auf hohem Niveau: Meile um Meile arbeitet er sich wieder nach vorne. Zur Verblüffung der Konkurrenz ist er nach den vier Etappen bis Flagstaff – immer etwa eine Meile pro Stunde schneller als Robic – bereits wieder Vierter nach Baloh, Strasser und Robic. Der wird später behaupten, auf allen Abschnitten des Rennens der Schnellste gewesen zu sein, was nicht stimmt. Zwischen Pazifik und Atlantik fuhr Dani 24-mal die schnellere Durchschnittsgeschwindigkeit. Und weil Robic nun auch mal schlafen muss, wie die anderen, übernimmt Dani in der Nacht auf Freitag im Monument Valley (Utah) wieder die Führung. 330 Meilen westlich war er noch auf Rang acht gelegen. Die Konkurrenz ist unruhig. Robic kriecht zwar ziemlich fertig für eine Stunde unter die Decke, aber besonders entspannt schläft er nicht. Sein erster grösserer Ausbruchsversuch war gescheitert. Er ahnt, was jetzt passiert: Er fährt nicht mehr sein Rennen. Er fährt jetzt Danis Rennen.

Seit Flagstaff geht es durch die Reservate der Navajos und Hopis. Navajo bedeutet ‹Volk mit grossen Feldern›. Die rund 200 000 Navajos leben in Arizona, New Mexico, Utah und Colorado. Mitten in ihrem Reservat eingeschlossen liegt das Hopi-Reservat. Im Reservat und somit auch auf dieser US 89 gelten die Regeln der Stämme mit eigener Polizei, Rechtsprechung und Sprache. Man muss aber schon genau in die überholenden Autos blicken, um die Indianer unter den Baseball-Mützen zu erkennen. Ein Grossteil der Navajos lebt von einem Einkommen auf Sozialhilfeniveau, viele sind Tagelöhner. Dani rollt am frühen Morgen an einer Gruppe Männer vorbei. Sie hoffen, dass sie einer der Vorarbeiter mit seinem Pick-up aufsammelt und ihnen Arbeit gibt. Argwöhnisch blicken sie dem Radfahrer nach. Ob ihnen die alte Navajo-Weisheit durch den Kopf geht? «Die Kraft einer Sache liegt in deren Bedeutung und im Verständnis, das wir für sie haben.»

Kurz nach Übernahme der Führung legt Dani einen Stopp ein. Seit dem Crash in Arizona war er nur vier Mal für drei Minuten vom Rad gestiegen: Kleiderwechsel, Wechslerjustierung, kurze Massage, weiter. Ein unfreiwilliger Stopp geschah in Flagstaff, als er beim Anziehen der Armstulpen nicht aufpasste und stürzte. Nach dem Wechsel des demolierten Hinterrads fuhr er mit ein paar Schürfungen weiter. Dauer der ‹Pause›: drei Minuten.

SLOWENISCHE SPIONE Jetzt, morgens um drei, nach einem sanften Sieben-Meilen-Anstieg ist der Zeitpunkt ideal für eine Schlafpause. Morgen kommt mit dem La-Manga-Pass das ‹Dach› des RAAM. In der Nähe des San Juan River in Utah finden sie eine ebene Stelle. Touchdown. Schlafpause. X-mal hat man das vor dem Start durchgesprochen und in Simulationen geübt. Dani rollt aus, steigt ab, stakst zum Auto. Michael nimmt ihm vorsichtig Helm und Kopftuch ab, Dani zieht die Massrennschuhe aus. Fünf Minuten später liegt er bereits auf dem Bett, fertig zum Schlafen. Die Wärmematte im Kreuz, Salbe auf den Lippen, Flector-Pads auf den Kniescheiben. Martina reibt ihm die Handgelenke mit Arnikasalbe ein, Christian massiert ihm mit einer Spezialcreme die Füsse. Sie massieren ihn noch, als er bereits in einen tiefen Erholungsschlaf gefallen ist. Erholung für das Duell in den Rockies. Ein Wagen mit kalifornischen Schildern parkt in der Nähe. Sicher kein Tourist, der plötzlich müde wird. Es sind Robics Spione. Wenn das Licht im Pacecar wieder angeht, werden sie Meldung erstatten.

Nach genau 75 Minuten wird er geweckt. Es dauert etwa zwanzig Sekunden, bis er spürbar reagiert. «Dani, es geht in die Rockies», sagt Christian.

«Heute ist dein Tag. Heute jagen wir Elche in den Rockies. Unser Elch heisst Jure.» Dani grinst schief, reibt sich die Stirn und klettert stumm aus dem Auto, setzt sich hin. Wie von Geisterhand kommen wieder das blaue Kopftuch, Helm, Schuhe, Jacke, Handschuhe. Jemand montiert das Mikrofon an den Helm. Martina massiert ihm kurz den Nacken. Sein Blick ist leer. «Gömmer», sagt er. «Ich bin nicht wach, aber gömmer.»

Es beginnt zu regnen. Bald biegen sie vom Highway 262 links ab und umfahren den Ute-Mountain auf einfachen Ranch Roads. Sie verlassen Utah. Die ersten ‹Elk warning›-Schilder tauchen auf. Es geht nun direkt in die Colorado Rocky Mountains. «Der schönste Staat auf der RAAM-Route», freut sich Christian. Er sollte sich bald auch aus anderen Gründen freuen. Dieser Freitag wird zwar anstrengend, aber sehr gut für das Team Dani Wyss.

DUSCHE FÜR DIE NASE Dani holt in den nächsten beiden Abschnitten eine halbe Stunde auf Robic auf. Bis Durango fährt er gut zehn Prozent schneller. Es folgen mehrere kurze Stopps, um Kleider zu wechseln. Einmal kommt der Klapp-Donnerbalken zum Einsatz, leider vergeblich. Dann wechselt er wegen eines Defekts der Schaltung das Velo. In Pagosa Springs steigt er für zwei Minuten zum Duschen ins Auto, allerdings nur für die Nase. Er atmet viel durch die oberen Luftwege. Jetzt, wenn die Luft immer dünner wird, braucht er einen sauberen Nasenkanal. In den nächsten vier Stunden hält er noch zweimal für je fünf Minuten, einmal stellt sich der ersehnte Stuhlgang ein. Nun scheint sein System perfekt zu funktionieren, Steady State! Dazu hat er nun mit Robic fast gleichgezogen. Die Jagd durch die Rockies zeigt, dass der Elch seinen Rhythmus immer mehr dem Jäger anpasst. Es läuft sehr gut für Dani. Robic hat jetzt ein Problem mit vier Buchstaben, das er nicht mehr loswird. Perry Stone: «Nun haben die mentalen Dämonen sein Herz und seine Seele attackiert.» Yeah!

Perfect Pacecar: Die Installation der aufwendigen Kommunikationssysteme dauerte Tage.

FRONT
REAR
VENT
OFF
FLR
NORM A/C
MAX A/C
MIX
WARM
Dani
5/6

In seinem Fahrstil, aber auch sonst
erinnert Robic an Lance Armstrong.

Kampf gegen das Verlieren

Annäherung an Jure Robic

Was Jure Robic, Jahrgang 1965, zwischen 2002 und 2009 an Siegen und Podestplätzen im Ultramarathon einheimste, ist beeindruckend. Vier Mal siegt er am grössten und härtesten Rennen, dem Race across America. Das ist Rekord. Wenn er in Europa startet, landet er fast immer auf dem Podest. Höhepunkte: 2004 nimmt er Andrea Clavadetscher den 24-Stunden-Strassen-Weltrekord ab. 2005, nur sechs Wochen nach seinem zweiten RAAM-Sieg, gewinnt er die Tour Direct, eine Art Tour de France, aber nonstop in einer statt in drei Wochen. Rund 45000 Höhenmeter auf 4000 Kilometern. 2009 erwarten viele den Smash: seinen fünften Sieg am RAAM. Er hätte ihn unsterblich machen sollen. In Slowenien ist er das offenbar schon: Man kürt ihn mehrmals zum Sportler des Jahres, zuletzt war er sogar Slowene des Jahres. Kein Zweifel: Jure Robic ist die grosse Nummer im Ultracycling.

SEELENVERWANDTE SIEGER Was Armstrong für die Profiliga, ist Robic für die Ultra-Szene. Er erinnert einen manchmal auch an den Amerikaner. Es scheint, als bewundere er ihn so sehr, dass er ihm immer ähnlicher wird. Beide wirken etwas distanziert, ernst, als lebten sie in ihrer eigenen Welt. Top-Athleten, die härter trainieren als die meisten anderen. Ihre Leistungen flössen Ehrfurcht ein, aber auch Argwohn. Die Herzen fliegen ihnen nicht unbedingt zu: Respektpersonen, aber keine nice guys. Abseits der Rennpisten sind sie freundlich, plaudern jovial und sind durchaus nicht unnahbar. Doch oft erinnern sie an Geschäftsleute, die alles unter Kontrolle haben müssen und sofort ihren Anwalt anrufen, wenn ihnen was nicht passt.

Wie Armstrong hatte auch Robic keine schöne Jugend, was er 2006 der *New York Times* erzählte. Der Vater bevorzugte seinen unehelichen Sohn Marco, gleich alt wie Jure. «Mein ganzes Leben wurde ich herumgestossen», sagte Jure. «Man gab mir das Gefühl, als sei ich nicht gut genug.» Heute, wo er besser ist als die anderen, kämpft er dagegen, ein Verlierer zu sein. Also siegt er. «Es sind diese Erinnerungen, aus denen ich meine Kraft hole.»

Der jugendliche Robic wird Radrennfahrer, fährt für kleine slowenische Amateurteams. Sein Geld verdient er als Fahrradverkäufer. Ende der 90er-

Was denkt er jetzt? Die beiden Kontrahenten wünschen sich am Start viel Glück.

Jahre entdeckt er Leidenschaft und Talent für Ultrarennen. 1999 wird er auf Anhieb Dritter bei der Crocodile Trophy, einem Mountainbike-Rennen quer durch Australien. Er meldet sich bei der Armee. In der Ausbildung fällt er auf als einer, der kein Problem mit Schlafentzug zu haben scheint und stundenlang durch die Nacht rennen kann. Zum eher schmalen Sold erhält er die Freiheit, jederzeit zu trainieren und Rennen zu fahren.

MERKWÜRDIGE MISSION Fortan tritt Robic mit einer effizienten Crew von Sportsoldaten an, das Armyteam. Am RAAM leidet sein Image aber bald daran, dass er die Regeln etwas weiter fasst als andere. Während andere zum Beispiel die vorgeschriebene Anzahl Autos und Crewhelfer einhalten, unterhält er neben seiner 10-köpfigen offiziellen Crew eine Miniarmee von privaten Helfern, die sich überall auf der Rennstrecke herumtreiben. «Just friends», wie er sagt. Sie sind stets aufmerksam, filmen die

Der Gejagte: Irgendwann muss Jure Robic (vorne) erkennen, dass ihm sein Gegner das Rennen diktiert.

Gegner und versorgen die Teamleitung laufend mit Informationen. Schläft der Rivale gerade irgendwo, oder fährt er wieder los? Wartet an einer neuralgischen Stelle ein Rennkommissar? Das Problem: Das Rennen findet auf offener Strecke statt, es gibt keine Handhabe gegen Robic. Was alle besonders nervt: Robics Leute überwachen auch die Offiziellen. Läuft es ihm mal nicht nach Wunsch, versucht er die Gegner mit Protesten in die Enge zu treiben. «Robic und sein Team umgeben das RAAM mit einer militärischen Aura, die einen frösteln lässt», sagt eine Kommissarin 2008 einmal am Rande der Strecke.

DEN MUJAHEDIN DAVONFAHREN So weit alles unter Kontrolle. Nur seine Nerven scheint er nicht immer so gut im Griff zu haben. Er ist ein Hitzkopf. Er kann sehr wütend werden, so sehr, dass seine Crew ihn manchmal nicht ganz ernst nimmt. Wenn er mal wieder absteigt und mit grimmigem Blick auf sein Pacecar zugeht, erzählt einer, «drücken wir die Knöpfe runter und warten, bis er sich beruhigt».

Besonders erzürnt es ihn, überholt zu werden. Als er am sechsten Tag am RAAM 2005 ohne direkten Gegner und eher gemütlich dem Atlantik und dem Sieg zufährt, ist das schnellste Viererteam kurz davor, ihn zu überholen. Als er das bemerkt, fährt er wütend von der Strasse und verschwindet in seinem Begleitfahrzeug. «Er lässt niemanden vorbei, nicht einmal ein – natürlich schnelleres – Team», so der Journalist Perry Stone.

Während ihn einer seiner Teamchefs als «uncoachable», beratungsresistent, bezeichnet, finden andere manchmal, er peitsche sich bei harten Rennen zuweilen in einen mentalen Zustand, der finstere Seiten in ihm hochtreibt. Während ACDC aus den Lautsprechern tobt, kann es passieren, dass er fast halluziniert, aber einfach weiterfährt. «Ja, es stimmt, im Rennen kann ich wirklich verrückt werden», zitiert ihn die *New York Times.* Im RAAM 2004 fühlte er sich einmal von schwarzbärtigen Männern auf Pferden verfolgt. «Die Mujahedin schiessen auf mich, also fahr ich noch schneller.» Die meisten, die ihn gut kennen, finden, er gehe zu weit. Er selbst weiss das auch, und er ist nicht glücklich darüber. «Ich arbeite daran», sagte er der Zeitung. «Ich will diese Exzesse nicht mehr erleben.»

Am RAAM 2009 jedenfalls sind keine Wilden hinter ihm her. Es sind vielmehr seine Gegner, die ihm eine Lektion erteilen wollen. Eine Lektion, die ihn wohl länger beschäftigen wird als all seine Siege zusammen.

Regenbogen über Kansas: Von Tornados
wird das RAAM 2009 verschont.

Die Vorentscheidung

Duell in den Rollers

Es regnet pausenlos an diesem Samstag in New Mexico. Noch einmal müssen sie hinauf auf rund 3000 Meter zum Bobcat Pass. Bobcats, Luchse, sehen sie keine. Gegen Nachmittag hört der Regen auf. Die Great Plains kündigen sich langsam an. In Cimarron verändert sich die Landschaft dramatisch. Hier treffen die Rocky Mountains auf die endlosen Weiten des Mittleren Westens, ein Anblick, der uns beengte Mitteleuropäer staunen lässt. Die Abfahrt aus den östlichen Rockies hat begonnen. Doch was heisst Abfahrt: Man spürt sie nicht, es ist gar keine. Man kommt aus Bergen, deren Strassen höher liegen als die höchsten Pässe in den Alpen, und es geht nicht richtig bergab. 300 Höhenmeter auf 100 Meilen, das fühlt sich komisch an für einen wie Dani, der seine Trainings an rasanten Pässen wie Grimsel, Susten oder Nufenen absolviert.

Nach den Rockies hat sich das RAAM 2009 endgültig zum Zweikampf zwischen Dani Wyss und Jure Robic entwickelt. Marko Baloh muss abreissen lassen, ebenso Christoph Strasser. Der hat sich eine Lungenentzündung eingefangen und muss einen Tag später das Rennen aufgeben. Gerhard Gulewics scheint sich nach seinen Magenproblemen stabilisiert zu haben, weist aber schon etliche Stunden Rückstand auf das führende Duo auf.

Die Rollers kommen. Oklahoma, Heimat von J. J. Cale, dem coolen Blueser und Komponisten von ‹Cocaine›. Wer sich umsieht, kann verstehen, dass man hier auf entspannte Songs kommen kann. Für Radler sind Höhenunterschiede von drei Metern pro Meile allerdings nicht gerade eine Wellnessoase. Und wehe, es kommt der falsche Wind dazu, dann gnade einem Gott. Dann wird Radfahren zur Qual. NOklahoma!

AUS VERACHTUNG SCHNELL Die Midwest Rollers hinüber nach Osten durch Kansas und Missouri sind der Schlüssel zum Erfolg am Race across America. Alle denken bei RAAM an Monument Valley, die Rocky Mountains, die Appalachen vielleicht noch. Aber RAAM ist hier. Hier, wo die Monotonie zum mentalen, ja emotionalen Problem werden kann. Wüste und Berge kann man überwinden, sich arrangieren. Die Rollers dagegen muss man niederringen, sie besiegen. Die Berge respektiert oder verehrt

Wehe, der Wind steht falsch! Dann können die endlosen Rollers im Mittleren Westen zur Tortour werden. Dani hat Glück.

man. Für die Rollers empfindet man Verachtung. Zeigt ihnen den Mittelfinger, wenn man sie hinter sich hat. Darf ihnen, wie einem gefährlichen Hund, nicht zeigen, dass man Angst hat, muss sich ihnen mit Entschlossenheit und eindeutiger Körpersprache entgegenstellen. Endlose Weite, keine bemerkenswerten Anstiege, die den monotonen Rhythmus brechen könnten. Keine Wälder, die Windschatten bieten. Die bewährte Marathonregel, nicht zum Ziel zu schauen, sondern bis zur nächsten Kurve, lässt sich hier nicht anwenden. No way! Endloses Land, der Himmel oft bedrohlich tief und tornadoverhangen. Hier bereitet Radfahren so viel Vergnügen wie das Ausfüllen der Steuererklärung nach einem guten Geschäftsjahr.

Dani mag diese Strecke nicht. Für einen Kletterer wie ihn birgt sie die grösste Gefahr. Hier hat er immer Zeit eingebüsst, wurde 2007 sogar entscheidend abgehängt. Wird Jure seinen physischen Vorteil ausspielen können? Der legt all seine Hoffnungen in diesen vierten Tag. Heute will er den Schweizer endlich zermürben und abhängen. Dani hat ihn bisher heftig herausgefordert, aber nun ist es genug. Die Rollers werden Ehre und Verhältnisse am RAAM wieder herstellen. Vendetta!

Jures Crew redet, wie jeden Tag, ihren Chef in Form. Auf der Website sind die üblichen Sprüche zu lesen: «Wir spielen noch ein bisschen mit den Gegnern, und dann fahren wir ihnen davon.» Jure sei unschlagbar in den Rollers, heisst es. Was ist von dem Säbelrasseln zu halten? RAAM-Veteran und Journalist Perry Stone, der die Slowenen kennt und mit seiner Mediacrew beobachtet, notiert: «Sie waren schon immer schnell mit dem Hinweis, dass er gewinnt. Aber dieses Jahr scheint es, als suchten sie unsere Bestätigung, wenn sie es sagen.»

Als Dani an diesem Sonntagmorgen geweckt wird, wissen alle, dass eine Vorentscheidung fallen wird. «Heute ist dein wichtigster Tag, Dani», sagt Christian. Er ermuntert ihn: «Nicht nachlassen mit dem Pedaldruck, hörst du? Fahr rund, zieh gleichmässig, bleib konzentriert: dann bist du schnell.» «Wir werden dich mit Partymusik durch die Kansas Plains tanzen lassen», verspricht man ihm.

DIE VISP-ZERMATT-BAHN Es sollte kein Partytag werden, sondern harte Arbeit. Dani legt ein stabiles Tempo vor. Bis Greensburg ist er mit einem 32er Schnitt unterwegs. Greensburg wurde Anfang Juni 2007 fast komplett von einem Tornado weggewischt. Inzwischen hat man es wieder aufgebaut. Die RAAM-Teams hielten damals den Atem an, als sie vorbeirollten. Heute sieht Dani nicht viel von der Stadt, als er auf der US 54 entlang dem Bahngleis nach Osten pedalt. Ein Güterzug der Union Pacific Railroad zieht langsam an ihm vorbei. Das Rattern übertönt die Musik aus dem Pacecar. Der Zug ist etwa 4 Meilen lang, vorne ziehen drei Loks, in der Mitte noch mal drei. Es dauert fast 20 Minuten, bis er endlich vorbei ist. Dani denkt an die Visp-Zermatt-Bahn mit ihren fünf roten Waggons. Ach, Amerika, warum muss hier alles so gnadenlos gigantisch sein!

Liebesgrüsse: Hier ist Halfway, noch 1580 Meilen bis Annapolis. Ab jetzt geht's nach Hause!

Kurz nach Pratt quälen Dani wieder diese Schmerzen in den Füssen. Sie fühlen sich an, als ginge er auf spitzen Kieselsteinen. Er wusste ja, dass etwas kommt, das ist beim Ultramarathon so sicher wie der Pfarrer in der Kirche. Irgendwann meldet sich eine Schwachstelle im Körper, manchmal die bekannte, aber oft ist es eine neue, bisher fremde. 2007 konnte er wegen einer Nervenentzündung in den Händen nur noch mit der ganzen Hand schalten. Diesmal sind es die Füsse, die höllisch brennen. Beides kannte er aus früheren Rennen nicht.

Da vorne sieht er das Wohnmobil am Strassenrand stehen. Blaue Luftballons tanzen in der Hitze. Als Dani heranfährt, muss er lachen: Fasnacht in Kansas. Auf der Strasse steht in Kreideschrift: «Dani, we love you! You are the best!» Angelina hat es in harter Arbeit hingemalt, und jedesmal wenn ein Truck vorbeirauschte, war die Hälfte der Buchstaben

Party am Pannenstreifen: Die Crew – hier Scherzkecks Jan – feiert mit Dani beim Halfway. Nach 5 Minuten geht's wieder weiter.

weggeblasen. Ja, hier ist Halfway, 1509,7 Meilen sind absolviert. Partytime! Dani grinst. Diese Teenager haben sich doch tatsächlich in der Kinderabteilung eines Supermarkts mit Hütchen, bunten Brillen und Schminke eingedeckt.

Die Party dauert für Dani genau fünf Minuten. Stephan legt ihm neue Coldpacks um die Handgelenke, wechselt die Flector-Pads um die Kniescheiben. Dann bekommt Dani zur Belohnung das andere Velo. Auf den ersten Blick unterscheidet es sich kaum vom Pavo-Carbonrenner mit identischen Shimano-Komponenten und Xentis-Rädern. Doch dies ist ein Stahlrahmen mit feinen Rohren, weiterem Radstand und einer weicheren, geschwungenen Gabel. Bald kommen die miserablen Strassen von Missouri mit ihren etwa drei Meter grossen Betonplatten. Deren Nähte schütteln einen fast einen Tag lang durch. Da bringt dieser Rahmen gegenüber dem bocksteifen Pavo erheblich mehr Komfort. «Mein Velo muss immer wie ein Sofa sein», sagt Dani. «Okay, jetzt geht es heimwärts», ruft Jan, als er ihn wieder anschiebt. Über miese Strassen auf dem Sofa nach Hause.

Als der Montag anbricht, verlassen sie Kansas auf der US 54 East in Richtung Missouri. Robic hat seine Schlafpausen nun so verschoben, dass sie nahezu gleichzeitig absteigen. Er hat bisher in den Rollers eine Stunde gutgemacht. «Wir lassen ihn jetzt ein bisschen an der langen Leine», sagt Christian. Das ist subtile, zermürbende Renntaktik. Zuerst lässt man den Gegner wieder Hoffnung schöpfen. Dann zieht man das Tempo an und stellt den alten Abstand wieder her.

NUR DICKKOPF IST ZU WENIG Indessen redet das Armyteam Jure weiterhin stark. «Er ist auf allen Gebieten der Beste», sagt ein Crewmitglied dem Mediateam. «In den Bergen, als Roller, überall. Und er ist stur und mit seinem Siegeswillen mental sehr stark.» Da wird etwas durcheinander gebracht. Wille zum Sieg ist eine Voraussetzung, aber nicht Ursache eines Sieges. Allein Wollen und ein Dickschädel genügen nicht. Nur wer sich selbst gut kennt, seine Schwächen akzeptiert und um seine Stärken weiss, nicht nach Ausreden sucht, wenn andere schneller sind, Fokussierung, Mut und Liebe zu sich selbst zeigt sowie Respekt vor den Gegnern, ist mental stark. Dani ist so.

So kommt es, dass das Duell in den Rollers auf dem Papier mit einem Remis ausgeht. Jure hat nicht aufgegeben und toll gekämpft. Aber er hat nicht mit Danis Widerstand gerechnet, ausgerechnet hier, auf dessen vermeintlich schwächstem Abschnitt. Und er hat die Effizienz von Danis Team unterschätzt. Sie haben ihn durch die Ebene gepeitscht, freundschaftlich, aber unerbittlich. «Dani! Du bist super unterwegs. Lass nicht nach!» Es war für Dani ein harter Weg, aber das ‹Pacen› im Auto forderte auch die Schweizer Crew enorm heraus. Da zeigt sich, was RAAM wirklich ist: Teamwork. Nicht der einsame Kampf auf dem Rad, sondern das feine Zusammenspiel von Athlet und Team. Wenn das Konzept, die ‹Chemie› und die Atmosphäre stimmen, wachsen alle über sich hinaus.

Die Rechnung – weiter östlich am Mississippi, wo die Strecke nun allmählich wieder anzusteigen beginnt, bevor der letzte Fight durch die Appalachen bevorsteht – ist eindeutig: In den zwei Tagen, seit sie aus den Rockies herausrollten, hat Jure gerade mal zwei Minuten gewonnen. Zwei Minuten! Er kommt nicht weg. Es hätten mindestens zwei Stunden sein müssen. Das Unentschieden in den Rollers bedeutet für ihn eine verheerende Niederlage. Verrechnet man die Penalties von einer halben Stunde, führt er noch mit 22 Minuten. Spätestens jetzt schmerzen die 15 Minuten, die er beim Start in Oceanside hochmütig kassiert hatte. Aus einem läppischen blauen Fleck ist eine eitrige Wunde geworden.

In Jefferson City gibt Dani an einer Ampel ein Kurzinterview. Die Reporter staunen, wie frisch er ist.

SIMPLON
SIMPLON
WINFORCE
SKINS

Die Clark Bridge über den Mississippi:
Hier beginnt das Rennen noch einmal.

Heulkrampf rettet Rennen

When bad turns into good

Der Mississippi ist ein schlapper, langweiliger Strom mit grossen Brücken. Wer ihn am Tag überquert, ist enttäuscht. Dani fährt nachts drüber. Es ist 37 Grad heiss, die Luft voller Mücken und von einer Beschaffenheit, die man sogar unter der Dusche als viel zu feucht empfinden würde.

Am Mississippi beginnt das Rennen noch mal, so eine alte RAAM-Weisheit. Warum geht es nicht einfach weiter? Man kann das sehen, wie man will. Zunächst: Ein Nonstop-Rennen wie das RAAM dauert irgendwann zu lange. Für die Athleten, für die Crew, die Rennleitung, die Fans. Alle sind müde. Aber der Atlantik ist nun mal 961 Meilen weiter östlich. Noch mal auf Null stellen, ein Reset, ist jedenfalls keine schlechte Idee. Anstatt einfach weiterzumachen, bis alle irgendwo in einem Strassengraben liegen. Fürs Team Dani Wyss jedenfalls ist dieser Dienstag heute Reset-Tag. Denn während Dani sein Rennen immer perfekter fährt, stösst das Team an seine Belastungsgrenzen. Spannungen addieren sich, der Schlafmangel beginnt sich auf die emotionale Lage jedes einzelnen auszuwirken. Kleinere Fehler kumulieren zu grösseren Problemen. Man hat das Leben im Auto satt, und alles wäre gut, könnte man endlich mal eine ganze Nacht in einem Bett schlafen.

Aber das RAAM ist gnadenlos und verlangt gerade jetzt alles. So manches Team in 28 Jahren Race across America hat in dieser Phase des Rennens die Nerven verloren und brach auseinander. Unglaubliche Dramen spielten sich ab. Dramen, die einem unergründbar bleiben, wenn man noch nie in solche Grenzbereiche des Seins (oder bisweilen eher Nicht-Seins) eingedrungen ist. Wer ein Leben ausserhalb der Komfortzone nicht kennt, kann sich das nicht vorstellen.

Es ist dieses explosive Gemisch aus Schlafmangel, Klima, Rennstress, Monotonie und Gruppendynamik, das jetzt, am Mississippi, plötzlich seine Wirkung entfaltet. Oder liegt es an der begeisterungsfreien Landschaft, diesem endlosen, zermürbenden, irgendwie hoffnungsarmen, tief provinziellen und scheinbar gleichgültigen Teil Amerikas, den man im Zeitlupentempo durchfahren hat?

Warten auf Dani: Nicht immer ist das Leben für die Crew des Wohnmobils so entspannt.

1000 GIGABITE LEBEN Die Faszination, die Euphorie des RAAM sind einer Ernüchterung gewichen. Als erlebe man die Liebe zuerst im Rausch der Verliebtheit und rudert nun im Alltag zwischen Arbeit, Beziehungskrisen und Kreditkartenrechnungen. Wo man nicht mehr nur vorankommt, weil man ist, sondern dafür arbeiten muss. Nicht nur im Fluss bleibt, weil heute Donnerstag ist und übermorgen Wochenende mit Bikeausflug, Sex, Kino und feinem Essen. Wo man feststellt, dass die ewige Suche nach dem Glück gar nicht so viel mit dem Leben zu tun hat, weil Glück gar nicht so wichtig ist. Dass es vielmehr Hoffnung, Vertrauen und Gelassenheit sind, wovon wir uns nähren.

So ist RAAM. 1000 Gigabite Leben, gespeichert auf einem Mikrochip. Wer in der Lage ist, dieses Zip-File in den Monaten danach langsam aufzuschlüsseln, die Informationen neu zu archivieren und mit Copy Paste seinen Lebenstext von Liebe und Kraft, Herausforderung und Selbstfindung zu verdichten, dem wird das Erlebnis RAAM eine dauernde Quelle von Lebenserfahrung, Realitätssinn, Dankbarkeit und – ja, manchmal auch Glück sein. Und von Demut. Good changes to better, bad turns into good, after all. Doch um dorthin zu gelangen, muss man die Plains von Kansas angestarrt, die Highways von Missouri durchlitten, den Mississippi überquert und die Berge der Appalachen überwunden haben.

MÜDIGKEIT UND DRAMA Den Crews und Athleten, die sich hier mit 17 Meilen pro Stunde durch die Hitze schieben und nach Schlaf sehnen, sind solche Gedanken vielleicht fremd. Sie kämpfen mit dem Hier und Jetzt. Gegen sich selbst. Gegen die bunten Ego-Luftballone, die in der tropfenden Luft tanzen. Nicht alle gewinnen dabei. Es wird von einem Team berichtet, das am Morgen des Tags sechs plötzlich nur noch aus vier Personen bestand. Die anderen fünf waren an einer Tankstelle ausgestiegen und sind im Motel verschwunden. Ein Team beschloss am sechsten Tag, das Rennen aufzugeben und blieb stehen. Ihr Athlet realisierte irgendwann, dass er keine Crew mehr hatte, und stieg verstört vom Rad. Andere Crews waren spätestens hier so hoffnungslos zerstritten, dass sie ihren Fahrer zwar noch bis ins Ziel retteten, aber fortan kein Wort mehr miteinander redeten.

Auch im Team Dani Wyss hängt am Tag sechs der Haussegen etwas schief. Heidrun, Moni und Stephan haben Schicht im Pacecar und lotsen Dani durch den Morgen. Hinten sitzt Michael und lötet ein abgebrochenes Kabel an Danis Helmmikrofon. Alle sind heilfroh, die Nacht hinter sich zu haben. Keiner hat gerade besonderen Spass an dem, was er hier tut.

Sie verpassen die Abzweigung und fahren fast zehn Meilen nach Nordosten. Vermutlich ginge die Irrfahrt noch weiter, würde ihnen jetzt nicht das Wyss-Wohnmobil entgegenkommen. Auch die anderen waren falsch gefahren. Umdrehen, schnell! Sie verfrachten Dani ins Auto. «Zehn Meilen umsonst gegen den Wind», stöhnt er und lässt sich auf den Sitz fallen. Heidrun beschleunigt und rast zurück nach Effingham. Von der Fayette Avenue biegen sie auf die 33er ein. Dani steigt wieder auf, das Rennen geht weiter. Zeitverlust: 45 Minuten! Solche Missgeschicke können passieren, wenn die Crew müde ist und die Konzentration verloren geht.

Im Wohnmobil hatte eher laue Stimmung geherrscht. In etwa 25 Minuten will man für eine Lagebesprechung anhalten. Christian liegt in der Koje. Er hat immer noch nicht richtig geschlafen und ist aufgewühlt. Die vier Tage mit dem Crash in Arizona, der Anspannung in den Rockies und dem intensiven Pacing in den Rollers stecken ihm in den Knochen. Als Arzt wollte er in den brisanten Momenten dieses Rennens lieber im Pacecar dabei sein, als irgendwo im Wohnmobil in der Koje zu liegen. Sein Crewplan ist seit der Interstate 10 nur noch Makulatur. Zwar hat sich alles eingependelt, aber sein Schlafkonto ist hoffnungslos überzogen. Jetzt fordern Körper und Geist die Zinsen. Er spürt auch längst, dass die Konzentration im Team nachgelassen hat. Schlendrian hier und dort. Er kennt das. Nichts Beunruhigendes, aber ernst zu nehmen. Die Teamdynamik aufmerksam zu beobachten, gehört zu den sensiblen Aufgaben im Job eines RAAM-Teamchefs.

DER TRAINER VON CHINA Es hat Teamchefs am RAAM gegeben, die dabei völlig versagten. Zu sehr waren sie mit sich selbst beschäftigt. Spätestens am Tag vier macht am RAAM das Schlafdefizit jeden Charakter transparent. Das Selftuning, die Selbstkontrolle funktionieren nicht mehr wie sonst. Gleichzeitig wird die Wahrnehmung der Teamleute durchlässiger für Störungen. Wie erleben sie den Leader? Bei hohen mentalen und emotionalen Belastungen funktioniert Autorität nicht wie etwa bei einem Trainer einer chinesischen Kinder-Turnriege. Am RAAM zählt nicht der Macho, sondern der ganze Typ. Gerade weil er Schwächen zeigt, wird er als stark erlebt: Das ist der Schlüssel zum Erfolg.

Christian hat seinen Leuten in diesen Tagen hohe Konzentration und Gelassenheit vorgelebt. Gleichzeitig hat er Fehler eingestanden und korrigiert. Er, eher der Typ Kontrollfreak, hat sich mit dem Chaos arrangiert. Er kennt diesen Prozess aus sechs RAAM. Er kämpft keine ausweglosen Schlachten, hat das Gespür dafür, wo es gilt, loszulassen, ohne den Überblick zu verlieren. Und sein Instinkt warnt ihn, wo er eingreifen muss.

In der Aeroposition kann Dani komfortabel sitzen und den wunden Po entlasten, aber auch runder treten.

DER KOPF GIBT KEINE RUHE Jetzt liegt er auf dem Bett. Bremsen und wieder anfahren, Kurven, klapperndes Geschirr. Musik vorne. Nicht gerade einlullend. Reicht es überhaupt noch, um einzuschlafen? Zu viel geistert ihm durch den Kopf: das kommende Duell in den Bergen. Das Team. Kann Dani bis Hancock noch Tempo machen? Taucht doch noch einer von hinten auf? Was macht Robic?

«Was ist da vorne los?» «Sind gleich da», heisst es. Doch einschlafen? Oder aufstehen und nach dem Rechten sehen? Sind ja gleich da. Ruh dich aus! Jetzt steht er doch auf, hangelt sich nach vorne zum Cockpit. «Was ist los?» Zögerlich kommt die Auskunft: «Wir haben uns verfahren.» «Nei!!» Er kann es nicht fassen. «Zum vierten Mal! Was ist los mit euch, spinnt ihr jetzt völlig?» «Wir wollten abkürzen, und dann...» Christian lässt sich auf den Sitz sinken, fährt sich mit der Hand durch die Haare. «Ich glaub es nicht. Ihr kurvt hier im Scheiss rum und fahrt nicht zurück? Jetzt dreht endlich um und fahrt auf diese blöde 33er!»

Sieben Crewmitglieder im Wohnmobil, fünf sollten schlafen. Alle hocken nun da und starren stumm irgendwohin. Jeder spürt die Anspannung des anderen. Irgendwann schreit einer: «Scheisse!» Dani und der weisse Ford tauchen vor ihnen auf. «Sie kommen! Sie sind falsch gefahren, gopf!» Lichthupen, Geschrei, Hektik.

KOMPLETT VON DER ROLLE? Schlimmer hätte es nicht kommen können. Das gesamte Team Dani Wyss auf Irrwegen. Zehn Meilen weg von der Strecke! Immerhin, so wirft jemand ein, habe der Fehler der Wohnmobil-Crew den Fehler im Pacecar korrigiert. «Was wäre, wenn wir sie nicht entdeckt hätten?» Stimmt. Aber ein schwacher Trost für Christian. Er ist zornig. Steiveruggd. Enttäuscht. Seine Augen funkeln, gleichzeitig verraten sie endlose Erschöpfung. «Da vorne bei der Tankstelle: Fahrt da raus. Wir müssen reden. Dringend.»

Während Dani und die Crew 2 den Wabash River nach Indiana überqueren, hocken die anderen im Halbkreis um Christian. Jemand hat das Sonnenrollo ausgefahren. «Ich glaube, ein paar von euch checken nicht, um was es hier geht.» Christian spricht mit leiser Stimme. «Wir alle haben bisher ein tolles Rennen gezeigt, wir haben einen Super-Athleten mit allen Chancen auf den Sieg», sagt er schleppend. «Und hier...», er sucht nach Worten, «hier ist Tralala-Stimmung, obwohl Fehler passieren. Ein paar glauben wohl, wir machen Ferien und suchen mal ein bisschen den Weg zum Meer. Wisst ihr, was ihr hier aufs Spiel setzt?» Christian blinzelt in die Sonne. Er ringt um Worte. Er weiss, dass er jetzt das Richtige sagen muss, sonst geht es schief. «Wir haben...», setzt er an, «wir haben eineinhalb Jahre gearbeitet, daheim sitzen Familien, Sponsoren und Fans, die all ihre Hoffnungen in uns setzen. Danis Kinder und Nathalie verzichten auf alles Mögliche, damit er hier gewinnen kann. Wir knütteln, damit er schnell ist und gesund bleibt. Seit sechs Tagen leidet er still und fährt das Rennen seines Lebens. Für uns alle! Und ihr reisst euch nicht zusammen und fahrt dieses Wohnmobil in die richtige Richtung?» Er nimmt einen tiefen Schluck aus der Wasserflasche. Das Sprechen macht ihm sichtlich Mühe. «Wir gewinnen dieses Rennen.» Seine Augen sind glasig, er schluckt. «Dani braucht dafür jeden, jeden einzelnen von euch.» Er atmet tief durch. «Wir sind hier seine Familie, versteht ihr? Ihr... genau deshalb...», er stockt, «deshalb haben wir euch ausgewählt. Deshalb seid ihr doch hier!»

Er will noch mehr sagen, aber da kommt einfach nichts. Plötzlich steht er auf und verschwindet im Auto. Er kann nicht mehr. Er wirft sich aufs Bett, vergräbt sein Gesicht im Kissen und heult trockene Tränen. Draussen hockt die Crew verstört in der Hitze. Jeder spürt den Ernst. Jeder hat einen Kloss im Hals. Jeder versucht, seine Gedanken zu ordnen. Familie! Reset. Dani! Bad turns into good. An dieser Tankstelle wird das Team Dani Wyss endgültig zum Siegerteam.

Auf seinem Stahlvelo zieht Dani über
Ohios Strassen wie ein Moped.

WINFORCE

Das Finale beginnt: In den Appalachen
gehen beide an ihre Grenzen.

Hals oder Rekord brechen

Wahnsinnsfinale – finaler Wahnsinn?

Das hasst Robic: einen Gegner vor sich zu haben.
Doch er gibt nicht auf und kämpft.

Auch für Jure Robic beginnt das Rennen am Mississippi noch mal. Allerdings nicht so, wie er es will. Es scheint vielmehr, als würden sich die Dämonen unter seinem Helm neu formieren. Und offenbar hat seine Mannschaft alles an Konzentration und Sportsgeist, was sie noch bis zum Mississippi retten konnte, auf der Brücke aus dem Auto geworfen. Zwischen Sullivan und Bloomington in Illinois lotsen sie ihren Athleten in die falsche Richtung. Anstatt regelkonform umzukehren, beschliessen die Soldaten, per GPS eine Abkürzung zu nehmen. Es bringt ihnen eine Zeitstrafe von 30 Minuten ein. Gut, herrscht in Slowenien Frieden. Mit dieser Armee jedenfalls hätte das Land schlechte Karten. Denn jetzt verlieren Robic und sein Team die Nerven. Sie starten eine einzigartige Diffamierungskampagne gegen den Gegner. Robic gibt es später zu: «Ich gab meinem Mediateam Anweisung, Wyss und sein Team lückenlos zu filmen, um ihnen Regelverstösse nachweisen zu können.»

Stellenweise liefern sich die beiden ein atemberaubendes Rennen – nach 4500 Kilometern!

Er ahnt seine Niederlage und versucht, den Gegner über den grünen Tisch zu ziehen. Das Rennen läuft noch, und es wird bereits im Internet Stimmung gemacht. Soll das Volk daheim auf eine Niederlage vorbereitet werden?

TELEFONIEREN ALS BELOHNUNG Dani nimmt von all dem nichts wahr. Als er von der neuen Zeitstrafe Robics erfährt, rollt er bereits in Ohio. «Idiot», murmelt er nur. Gesprächiger ist er dann kurz nach Oxford am Telefon mit seiner Frau Nathalie. Wie immer rufen sie sie an, wenn er fährt. Nicht etwa in der Pause, die dient nur der Regeneration. Das spart nicht nur Zeit, sondern ist ein cleverer Motivationstrick. Anstatt ihn bis zum Stopp damit zu ködern, wird er dafür belohnt, dass er fährt: «Jetzt geht's noch über diesen Anstieg, und dann rufen wir sie an, okay? Da kannst du ihr erzahlen, wie schnell du den Hügel runtergeschossen bist.» «Sag ich ihr lieber nicht», meint Dani.

Ein bisschen Druck rausnehmen und das Mittagessen fassen:
Es schmeckt seit einer Woche immer gleich.

Heute hat er sich toll geschlagen und in den letzten dreizehn Stunden eine Stunde und elf Minuten auf Robic gutgemacht. Als er sich morgens um halb drei für 80 Minuten hinlegt, liegt er nur noch 17 Minuten zurück, nach Verrechnung der Penalties führt er aber bereits mit fast einer Dreiviertelstunde. Daran können auch Robics Spione nichts ändern, die ihr Auto neben dem Wohnmobil parken. Sie versuchen nicht mal, diskret zu sein.

Es dämmert, als sich Dani am Mittwochmorgen auf sein schwarzweisses Pavo setzt. Er muss jetzt seinen ersten Kampf gewinnen: gegen den Schlaf, die Schmerzen und den inneren Schweinehund. Es dauert meist fünf bis zehn Minuten, bis er gewonnen hat. Da hilft das Coaching aus dem Auto. Sie reden mit ihm, damit er nicht das Gefühl hat, alleine da vorne zu sein. Es ist, als sitze er mit den anderen im Auto. Christian redet ihn per Mikrofon wach. «Hey Dani, du bist ja super aufgestanden! Fahr schön so weiter,

Dani. Gut treten, die Ampel da vorne bleibt jetzt auf grün, damit wir nicht mehr anfahren müssen. Super, Dani!» Christian macht eine kurze Pause. «Wie hast du geschlafen, Dani?» «Gut geschlafen», kommt als Antwort. «Etwas geträumt?» «Nein, nix geträumt.» «Weisst du noch, was wir gestern gemacht haben, bevor du ins Bett bist, hä, Dani?» «Äh, was meinst du?» «Gestern Nacht, weisst du noch?» «Ja, wir haben ihn überholt.» «Ganz genau, Dani. Wir haben ihn überholt. Sehr gut, mein Freund. Heute ist dein Tag, Dani!»

DANI FINDET DEN TURBO Es war ein eindrückliches Überholmanöver letzte Nacht. Dani kam mit Schwung, zog knapp hinter dem roten Pacecar des Slowenen heraus, drückte vier, fünf Mal durch und war schon vorbei. «Einfach stehen gelassen», freuten sich die Schweizer im Pacecar. Es war nicht mal schwierig. Die Stimmung war hervorragend.

«Heute werden wir Jure ziemlich wehtun, Dani. Gestern haben wir ihn nur geärgert. Hey, so gut wie heute bist du noch nie gestartet. In drei Minuten schon auf Tempo, das gab's noch nie. Willst du es uns heute zeigen, Dani?» «Ja, heute zeig ich es allen.» Es ist beeindruckend, wie Dani sich aus dem Halbkoma heraus in den Willensbereich führt. Heute ist ein besonderer Tag, das realisiert er bereits. Vielleicht geht die Aufwachphase deshalb besonders schnell. In den nächsten 26 Stunden wird das Rennen endgültig entschieden. Die Ebene ist vorbei, jetzt kommen grössere Wellen und die Berge.

Die Appalachen sind ein waldiges Mittelgebirge zwischen der Grenze zu Kanada und Alabama im Süden. Die Anstiege sind nicht besonders lang, bis zu 400 Meter hoch und sechs bis zehn Prozent steil. Vergleichbar vielleicht mit dem Jura oder dem Emmental. Die Herausforderungen hier sind die häufigen Rhythmuswechsel, die ein gutes Getriebegefühl mit eher hohen Kadenzen erfordern.

Dani kommt immer besser in Fahrt. Bei der nächsten Zeitstation liegt er vier Minuten hinter Robic. Es ist morgens gegen acht, und bereits zeigt das

Über Funk steht Dani in ständigem Kontakt zu seiner Crew. Manchmal haben sie das Gefühl, als sitze er mit ihnen im Auto.

Thermometer über 30 Grad. Egal. Er freut sich jetzt richtig aufs Radfahren. Die Schmerzen sind weg, er ist messerscharf fokussiert, das Ziel klar vor Augen. Noch 536 Meilen, 858 Kilometer, etwa so viel wie von Zürich nach Rom. Bei New Vienna wechselt die Crew. Stephan, Heidrun und Moni steigen ein, während Dani weiterkurbelt. Tagsüber darf er eine Zeit lang ohne Pacecar fahren. Nachts muss er immer im Scheinwerferkegel seines Autos sein. «Guten Morgen Dani!», ruft Heidrun. «Tschau zämu!», hören sie noch. Dann ist er einen Moment ausser Funkreichweite. «Oh là là, Dani! Du gibst ja Gas heute Morgen», sagt Sephan, als sie ihn einholen. «Mal sehen, wo unser Freund Robic steckt. Weit kann er nicht sein.»

Das wellige Terrain bleibt vorerst moderat, die gezogenen 60-Meter-Anstiege sind wunderbar auf der grossen Scheibe zu fahren. Es läuft optimal für Dani. Mit einem 17-Meilen-Schnitt (27 km/h) drückt er über die Ohio

Hills. Nach 58 Meilen, kurz vor Mittag, hat er in Chillicothe mit Jure Robic gleichgezogen. Nun beginnt ein in der Geschichte des RAAM einzigartiges Finale. Noch nie waren zwei Athleten hier gleichauf. Noch nie gab es in den Appalachen ein Duell auf Tuchfühlung. Und noch nie musste ein Jure Robic mit ansehen, wie ihn ein Rivale hier, nach 2500 Meilen, überholt.

Robic befindet sich zu diesem Zeitpunkt bereits im Ausnahmezustand. In früheren Jahren konnte er auf den letzten 500 Meilen nach Belieben ein Päuschen einlegen. Jetzt erlaubt er sie sich nur noch, wenn der Rivale absteigt. Jure hat noch physische Reserven, aber seine mentale Kraft ist nahezu aufgebraucht. Er kann das Rennen nur noch gewinnen, wenn Dani etwas zustösst oder sie ihm Regelverstösse nachweisen können. «Er ist zu stark, ich kann die Stunde Rückstand nicht aufholen», sagt er dem RAAM-Medienteam. Jure wirkt ruhig, aber innerlich kocht er. «Du kannst doch auf 400 Meilen eine Stunde herausfahren», ruft ihm der Journalist Perry Stone aus dem Auto zu. Jure lacht bitter und sagt, er werde es versuchen. Was er denkt, ist: «Ich will dir die Bilder nicht gönnen, als Zweiter zur Penalty Box zu kommen. Ich werde alles tun, um wenigstens das zu verhindern. Ein Jure Robic kommt nicht als Zweiter an. Niemals!»

GNADENLOSER FIGHT Zeitstrafen müssen in der Penalty Box an der vorletzten Zeitstation vor dem Ziel abgesessen werden. Von dort sind es noch mal 51 Meilen (82 km) ins Ziel. Eine RAAM-Regel sagt, man könne in den letzten zwei Tagen noch zehn Prozent gewinnen. Theoretisch könnte Robic also die Stunde Penalties noch egalisieren, seinen Traum vom RAAM-Rekord mit fünf Siegen erfüllen. Er schwankt zwischen Hoffnung und Resignation. Dennoch fährt er ein unglaublich starkes Rennen und liefert sich mit Dani den ganzen Tag ein packendes Kopf-an-Kopf-Rennen. Die Abstände betragen höchstens drei Minuten. Am Donnerstagmorgen gegen zwei Uhr legen sich die Kontrahenten noch mal eine Stunde aufs Ohr. Dann beginnt die Jagd durch die Berge, bei der den Crews in den Autos Hören und Sehen vergeht. In waghalsigem Tempo jagen Wyss und Robic die Hügel von West Virginia und Maryland hinunter. «Wie die Idioten», urteilt Christian, der stellenweise Mühe hat, mit dem Auto zu folgen. «Ihr

Nasenbluten: kein Grund stehen zu bleiben. Und auch kein Grund, den Fans nicht zu winken. Happy Dani!

Deppen brecht euch noch den Hals!» Nach der 9-%-Abfahrt von Skyline nach New Creek, die sich die beiden Road-Rambos knapp hintereinander mit stellenweise über 70 km/h hinunterstürzen, keucht Dani ins Mikro: «Einen von uns verjagt's jetzt gleich.»

VÖLLIG LOSGELÖST? Die ‹Vollgas-Spielchen› ziehen sich noch einige Stunden hin. Sind die beiden übermütig geworden? Oder wahnsinnig? Robic zumindest macht einen etwas psychotischen Eindruck, losgelöst wie einst Landis an der Tour 2006. Einmal überholt er Dani und versucht ihn mit Faustschlägen gegen die Oberschenkel abzudrängen. «Jetzt spinnt er völlig», ruft Dani. Als Jure später einen Platten hat, klagt er Dani der Unsportlichkeit an, weil der nicht auf ihn gewartet hat. «Seit wann wartet man am RAAM auf einen langsameren Gegner?», kontert Dani trocken. Später überholt Jure seinen Rivalen rechts, gerät auf den Grasstreifen und fliegt in den Strassengraben. Niemand seiner Crew steigt aus. Jure rappelt sich auf und fährt weiter. «Are you okay?», fragt ihn Dani. Keine Antwort. Er lässt sich zurückfallen und fragt Robics Crew: «Alles okay?» Die Männer grinsen nur. Einer sagt: «Das ist normal bei ihm.»

Dann überholt Dani Robic wieder und freut sich: «Schau mal, jetzt hat er sich erkältet.» Wenig später ‹erkältet› sich Dani und räumt ein: «So kann ich nicht mehr lange.» Er will seine Reserven noch nicht verheizen, nimmt Druck weg und kommt mit 13 Minuten Rückstand in Hancock MD aus den Appalachen.

Nach einem Pedalbruch und schnellem Velowechsel legt Dani zwischen Rouzerville und Hanover noch mal zu. Es ist Donnerstag um kurz nach sechs, als er zeitgleich wie sein Rivale an der Penalty Box vorbeifährt. Der muss aber für seine Strafe absteigen. Aus den läppischen 15 Minuten Zeitstrafe von Oceanside ist eine Stunde geworden. Eine Stunde Vorsprung für Dani Wyss!

In der Gluthitze an der Ostküste
wird Dani alles abverlangt.

Krise auf der letzten Meile

Verhindert ein UFO den Sieg?

Während der Schweizer ohne Halt weiterfährt, sieht man den grünen Helm mit der Startnummer 273 auf den Parkplatz vor dem Mt. Airy Bike Shop einbiegen. Hier ist die Penalty Box. Stopp. Eine Stunde Zeitstrafe für Team Jure Robic. Gleich wird sich hier Denkwürdiges abspielen.

Ruhig pedalt Dani Richtung Osten. Martina und Elke waren zur Penalty Box vorausgefahren, um sich bei der Rennleitung das Okay zur Weiterfahrt zu holen. «Haben wir garantiert keine Zeitstrafe?», fragen sie Larry Black, Captain der Station. «Nein, ihr zeigt ein Superrennen. Fahrt weiter!», sagt er ihr. Martina ruft im Pacecar an. «Go! Alles klar.» Obwohl die Regeln einen obligatorischen Stopp vorschreiben, läst man Dani vorbeifahren. Sind die Offiziellen müde? Um 18.23 Uhr wird Dani in Mt. Airy registriert. In drei Stunden wird er im Ziel sein. Der Rivale steht. Doch statt zur Triumphfahrt werden diese drei Stunden noch einmal zum Nervenspiel.

INZWISCHEN ESKALIERT das Drama um Jure Robic. Kaum in der Penalty Box eingecheckt, verschwindet er in seinem Wohnmobil. Die Rennleitung um Captain Black und RAAM Race Director Fred Boethling aber hat nun keine Ruhe mehr. Sie werden umschwärmt von Robics Leuten. Von Betrug durch das Team Dani Wyss ist die Rede und von einem Komplott gegen Robic durch die Rennleitung. Die Zeitstrafen seien unfair und ein Versuch, ihn zu diskreditieren. Dagegen habe man reihenweise Videobeweise dafür, dass das Schweizer Team gegen die Regeln verstossen habe. Einige Filme seien bereits auf You-Tube zu sehen. Man werde, so drohen die Slowenen, das Rennen aus Protest gegen Wyss und die Rennleitung abbrechen.

Das weckt Erinnerungen an das RAAM 2004. Robic wurde damals von Mike Trevino mehrere Tage lang heftig attackiert. Da bezichtigte Robics Team den Amerikaner aus San Diego des Betrugs. Er soll im Auto mitgefahren sein und sogar illegale Substanzen verwendet haben. Als Beweis führte man ein Foto von einem Trevino-Crew-Mitglied an, das aus dem Mobilhome aussteigt und Gummihandschuhe trägt. Trevino war fassungslos über diese Anschuldigungen. Er verlor seinen Biss, und Robic rollte davon in Richtung Ziel.

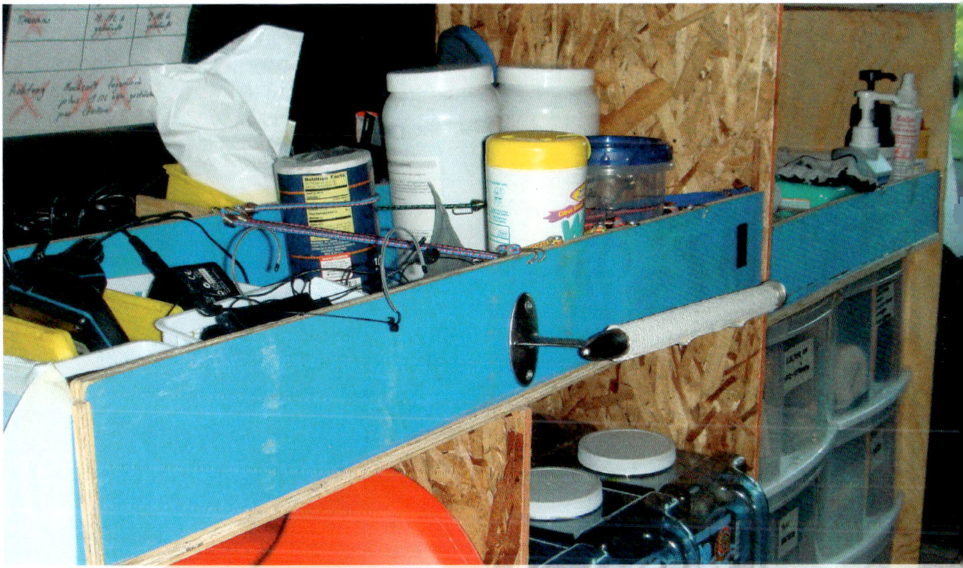

Perfect Pacecar: Die rollende Rennstation macht Dani unabhängig vom Wohnmobil. Hier ist alles, was er braucht.

MENTAL VÖLLIG AM ENDE Fred Boethling schwant Übles. Er lässt Rennkommissare kommen und bittet sie, die slowenischen Videos anzusehen und zu beurteilen. Sie werden alle Proteste später ablehnen. Dann scheucht er die Robic-Leute und die Fotografen weg und geht hinüber zum Wohnwagen. Er hofft, das Desaster noch abwenden zu können. Robic hockt in einem Campingstuhl und starrt auf den Boden. «Er sah körperlich nicht unbedingt völlig fertig aus», erinnert sich der Race Director später. «Aber bei genauem Hinsehen war unübersehbar, dass er mental völlig erschöpft war. Er war am Ende.» Boethling sagt ihm, man habe in jeder Phase des Rennens die Kontrolle gehabt, die Penalties seien völlig klar, fair und diskussionslos. Als Robic widersprechen will, unterbricht er ihn. «Wir kontrollieren das Rennen aus Gründen der Sicherheit, der Fairness und um die Integrität des Rennens zu gewährleisten. Ihr habt keinen Grund, dies anzuzweifeln.»

Das Stahlvelo ist komfortabler als die steife Carbonmaschine. Die Elektroschaltung funktioniert perfekt.

Boethling versucht, Robic umzustimmen. Ein Rennen sei immer erst im Ziel vorbei. «Steig nach deiner Strafe aufs Rad und fahr nach Annapolis. Du weisst nie, was passieren kann.» Er, Robic, werde einen Abbruch später bitter bereuen. «Du würdest dich selbst und deine Fans schwer enttäuschen.» Robic gibt keine Antwort. Nachdenklich steigt Boethling ins Auto, um nach Annapolis zu fahren. Die Tradition will es, dass der Race Director den Sieger auf den letzten Meilen ins Ziel eskortiert. Fred ist auf dem Weg, Dani Wyss zu begrüssen.

Doch als Boethlings Wagen von der Mt. Airy Zeitstation auf die SR 144 East einbiegt, sieht Dani 38 Meilen weiter östlich überhaupt nicht wie ein Sieger aus. Und auch seine Crew hat offenbar nicht mehr viel von dem, was sie bisher so stark und siegesgewiss machte. Statt zur Triumphfahrt werden diese letzten Meilen nach Annapolis zu einer Tortour.

GEHT JETZT ALLES KAPUTT? Was ist passiert? Nichts. Es ist die pure, virtuelle Angst, die jetzt in ihnen aufsteigt. Angst, auf den letzten 50 Meilen alles zu verlieren, was man bereits gewonnen hat. Angst, es könnte doch noch etwas passieren, ein Unfall, eine Panne, etwas Unvorhergesehenes. Etwas Verrücktes. Wenn jetzt ein UFO vor ihnen in die Strasse einschlägt, irgendwas, dann wäre alles vorbei. Dani könnte einbrechen oder stürzen, die Strasse gesperrt sein, Baustellen könnten ihn, wie gestern, zum Halt zwingen. Angst, das Unmögliche könnte eintreten. «Wenn uns was passiert, während Robic in der Penalty Box aufgetankt hat und nun wie ein Bescheuerter auf dem Zeitfahrrad von hinten auffährt...», geht es Christian durch den Kopf. Keiner sagt etwas, aber alle denken dasselbe: «Geht das gut aus? Haben wir wirklich an alles gedacht?» Jetzt ein Fehler – keiner würde sich das verzeihen. Eineinhalb Jahre Arbeit, Training, Energie, Leidenschaft. «Ein Moment könnte alles kaputt machen», denkt er.

Wieder geschieht etwas, was mit dem seltsamen emotionalen Zustand von Menschen zu tun hat, die acht Tage auf engstem Raum ohne ausreichenden Schlaf fast 5000 Kilometer durch vier Zeit- und Klimazonen gefahren sind, um das verrückteste Rennen zu gewinnen, seit es das RAAM gibt. Ihre Nerven sind in diesen Minuten angespannter als an allen Tagen zuvor, doch sie müssen dünner geworden sein. Sie transportieren Informationen wie immer, aber die Spannung oder die Taktfrequenz hat sich verändert, was dazu führt, dass die Informationen anders gewichtet werden als sonst. Die Leute in Danis Pacecar sind in diesem Moment extrem nervös, weil sie gewissermassen das Gras wachsen hören.

RAAM KENNT KEINE GNADE Dani spürt die Hektik hinter sich. «Was habt ihr denn?», fragt er. Er wird unruhig. Hat doch genug Stress auf dem Rad. Seine Kniescheiben und der Hintern schmerzen unsäglich, die wunde Stelle reibt, Schweiss lässt sie zwischendurch brennen wie Feuer. Die Hitze ist fast unerträglich. Und jetzt noch Spannungen da hinten. Was soll das eigentlich? Wir werden doch noch die paar Meilen bis ins Ziel schaffen! Doch auch das ist RAAM: Was vorhin gut ist, kann sich plötzlich ins

Die Freude der Freunde: Christian und Stephan am Hafen von Annapolis.

Gegenteil wenden. Eben noch war Dani guter Dinge. Den Atlantik kann er fast schon riechen. Doch jetzt passiert, wovor alle Angst haben: Er bricht ein. Er wird langsamer.

«Ich mag nimmer», hört Christian über Funk. «Was, du magst nimmer?» «Ich bringe keinen Druck mehr auf die Strasse. Es geht nicht mehr. Ich werde immer langsamer!» Dani klingt verzweifelt. Das darf doch nicht wahr sein. Jetzt, keine 30 Meilen vor dem Ziel. Unmöglich! «Dani, was ist los? Komm jetzt, fahr!! Dani, fahr!» «Es geht nicht mehr», ruft der zurück. «Alles schwimmt. Der Asphalt schmiert weg, ich weiss auch nicht...» «Hast du einen Schleicher?» (Ein Schleicher ist ein Platten, bei dem die Luft nicht, wie bei einem Schlauchdurchschlag sofort, sondern ganz langsam entweicht, ohne dass der Fahrer es zunächst bemerkt.) «Ein Schleicher...?» Er hält an und steigt ab. Während sie schnell das Hinterrad wechseln, kühlt er

Der Schlaf des Gerechten: Kaum im Auto, schläft Dani schon ein, bevor der Motor startet.

sein Gesicht mit einem Schwamm. Sie binden ihm noch mal frische Coldpacks zur Kühlung auf die Handgelenke. Nach knapp einer Minute sitzt er wieder auf dem Rad. Gott sei Dank! Es war tatsächlich ein Schleicher. Dani kurbelt wieder und rollt mit normaler Geschwindigkeit weiter.

ZUM ERSTEN MAL IM ZIEL Um 21.25 Uhr überrollen sie die Linie der Zeitstation 53 an der Tankstelle am Herndon Drive. Hier wird die offizielle Zeit des Rennes gestoppt. Dani reisst den rechten Arm nach oben, ballt die Faust. Christian drückt auf die Hupe und die Fans, Offiziellen, Passanten, Fotografen und Polizisten an der Strasse machen diese Ankunft zu einem typisch amerikanischen Spektakel. Fred Boethling geht zu Dani und gratuliert. Er wird ihn jetzt gleich über die letzten drei Meilen ins richtige Ziel am Yachthafen downtown Annapolis eskortieren. Dort wartet auch der Rest vom Team Dani Wyss.

Sie bringen Dani ein frisches Trikot, an dem das RAAM-Logo angeheftet ist. Stephan und Christian stehen nahe bei ihm hinterm Pacecar, als er es überstreift. Da geschieht, unbemerkt von Fotografen und Zuschauern, etwas Unerwartetes: Die drei legen sich gegenseitig die Arme um die Schultern, drücken ihre Köpfe eng zusammen und beginnen hemmungslos zu heulen. Die grosse Spannung ist in sich zusammengebrochen. Die drei Männer weinen vor Erschöpfung, Erleichterung und Glück.

An Jure Robic denkt in diesem Moment keiner. Nur Fred Boethling. Eben hat er telefonisch erfahren, dass der viermalige RAAM-Sieger das Rennen in Mt. Airy, 54 Meilen vor dem Ziel, tatsächlich aufgegeben hat: Jure Robic DNF.

Der Spass kann zwar in einer Stunde wieder
vorbei sein, kommt aber garantiert zurück.

GIRO
SIMPLON
SOLUTION PROVIDER
WINFORCE
SIMPLON
SFS
SFS
locher
Syntace

Das Siegerteam am Tag nach dem Rennen
im Football-Stadion von Annapolis.

Der historische Sieg

RAAM verliert die Unschuld

Der Autokonvoi mit den Blinklichtern und dem Radler in der Mitte macht sich auf den Weg. Es ist eine Triumphfahrt für Dani. Er sitzt fast aufrecht auf seinem Simplonrad. Ab und zu winkt er den Menschen am Strassenrand zu. Nichts mehr von den Schmerzen. Die Gänsehaut auf Armen und Beinen spürt er nicht. Auch nicht die Tränen, die ihm unter der Brille hervorkullern. Dani spürt nur eine unbeschreibliche Erleichterung. «Ich habe es geschafft», sagt er immer wieder zu sich selbst. «Wir haben gewonnen!»

Sie biegen links auf die Green Street ab, rollen am Hafen vorbei. Als sie auf die Dock Street einfahren, hört er bereits die Fans. «He is coming now!», tönt es aus dem Lautsprecher. Das Ziel taucht auf. Er reisst den Arm hoch, als er die Linie überquert. Martina umarmt ihn als Erste. Die Zuschauer johlen. «This is the end of an incredible, historic race, the greatest RAAM victory ever», ruft der Sprecher, als Dani vom Rad steigt. «Dani Wyss is the champion!» Die Crew ist da und scheint ihn erdrücken zu wollen: Angelina, Elke, Moni, Heidrun. Die Buben: Stephan, Christian, Michael, David und Jan. Die Stimmung ist wunderbar. Sanft lächelnd, lässt Dani alles über sich ergehen: Schulterklopfen, Fotos, Interviews. Er telefoniert mit seiner Familie. Später schläft er auf dem Rücksitz im Auto sitzend ein, noch bevor der Motor läuft.

INOFFIZIELLE REKORDZEIT Das engste Rennen in der Geschichte des Race across America ist zu Ende. Offiziell war es das Zweitschnellste. Dani hat mit einem Schnitt von 15,28 mph (24,45 km/h) zwar den 23 Jahre alten Rekord von Pete Penseyres mit 15,4 mph knapp verpasst. Zieht man aber die weitaus flachere Strecke des Rekordjahres 1986 in Betracht, ist dies die schnellste jemals gefahrene Zeit am RAAM: 3017 Meilen (4817 km) in 197,45 Stunden oder acht Tagen, fünf Stunden und 45 Minuten. Man kann jetzt natürlich nachträglich herumrechnen und nach den Phasen des Rennens suchen, in denen die offizielle Rekordzeit verloren ging. Aber das ist müssig. Das Rennen ist vorbei und es war grandios.

Es war aus der Sicht des Team Dani Wyss das perfekte Unternehmen. Nach eineinhalb Jahren akribischer Vorbereitung war man am Tag X bereit. Man

Jaaaa! Das ist der Sieg! Das spektakulärste Race across America ist zu Ende.

009 Alpine Photography

hatte die früheren Rennen von Dani, aber auch von Jure Robic präzise analysiert. Die Ernährung von Dani auf Basis der Spezial-Winforce-Produkte war zwar nicht von Anfang an problemlos, wurde aber nach seinem Crash sofort korrigiert und funktionierte anschliessend einwandfrei. «Weltklasse», nannte sie Christian. Generell war wichtig, dass man Alternativpläne hatte für den Fall, dass irgendetwas schief lief, sei es in der Ernährung, der Technik, dem Material oder selbst in der Taktik. Man überliess nichts dem Zufall und wurde dafür nicht selten vom Zufall belohnt.

DAS PERFEKTE UMFELD Eine Gruppe von hochmotivierten Sponsoren sorgte für die finanzielle Basis des Erfolgs. Dazu wurde logistisch und beim Material vieles optimiert. Dani hat in den achtzehn Monaten gezielt seine Kraft verbessert und an seinen mentalen Fähigkeiten gearbeitet. Die Crew, eine Mischung aus erfahrenen Leuten und Rookies fand sich

So sehen glückliche Sieger aus. Dass alle erschöpft sind, merkt in diesem Moment keiner.

gut zusammen und brachte eine Topleistung, die sowohl bei der Konkurrenz (sogar dem Team Robic) als auch bei der Rennleitung grosse Anerkennung fand. Schliesslich hatte man viele Schutzengel und das Wetterglück.

Dani sagt, was für ihn das perfekte Rennen war: «Meine Erfahrung aus drei RAAM kam mir zugute. Ich war mental immer auf der Reihe, konnte diesmal mit dem Schlafentzug gut umgehen. Meine Crew hat Tolles geleistet und das Wichtigste war: Ich hatte es geschafft, meinen Gegner vor mir zu haben und ihn dort zu halten. Das war die beste Motivation und Ablenkung. Wir haben uns nichts geschenkt.» Sicher ist, dass Dani nicht wegen der Penalties gewonnen hat. Er ist rein taktisch gefahren und hätte noch genug Reserven gehabt, um Robic zu distanzieren. Das ist die Tragik dieser Geschichte: Er hätte problemlos vorbeifahren können, aber er liess es bleiben. Vielleicht wollte er Robic nicht demütigen. Und dann versagt der seinem Gegner den Respekt!

IN DER PAUSE GEWINNEN Ob ein RAAM noch sehr viel schneller geht, kann man diskutieren. Höchstens drei Stunden, meinen Dani und Christian, könnte man vielleicht noch herausholen. Das Team Dani Wyss hatte 2009 die Abläufe schon enorm optimiert. Oberstes organisatorisches Ziel war die Minimierung der Standzeiten. Die Verpflegung, Hautpflege und kleinen Geschäfte fanden auf dem Rad statt, ebenso die Kommunikation zwischen Team und Dani sowie zur Familie daheim. Gestrafft wurde die Zahl der kleinen Stopps. Mit ihnen gehen an solchen Rennen enorme Zeitpolster verloren. Die Rechnung ist einfach: Jeden Tag zehn Minuten Zeitverlust addieren sich im Rennen zu 80 Minuten. Deshalb liefen auch Crewwechsel und Schlafpausen nach genauem Muster ab. War eine Schlafpause geplant, war die Crew stets darauf vorbereitet. Zuerst redete man eine Zeit lang mit Dani, um seine genaue Verfassung zu kennen. Versuchte ihn zu motivieren und die Pause noch etwas zu verzögern. «So konnten wir ab und zu noch eine halbe Stunde, manchmal bis zu einer Stunde herausschinden», sagt Christian. Doch wenn er wackelte, war er keine drei Minuten später vom Rad.

Dann lief der Stopp ab wie in einer Formel-1-Box. Vom Moment, an dem er abstieg, bis er schlief, vergingen meist nicht mehr als zehn Minuten. Alles war vorbereitet für die Körperpflege, medizinische Versorgung, Kleider, Material. Jeder wusste, was er zu tun hatte. Geredet wurde da nicht viel. Dani sollte Ruhe haben und auch Ruhe vom Team spüren. Es war enorm wichtig für ihn zu erleben, dass alle so fokussiert waren wie er selbst. So entstand ein Wir-Gefühl, das alle durchs Rennen trug. Alles wurde lange vorbesprochen und trainiert. Es gab wohl kaum ein Team, das mit einer solchen Effizienz das Rennen anpackte und bis zum Schluss durchzog.

Es war ein perfektes Rennen, zu dem auch ein ebenbürtiger Gegner gehörte. Es gab selten ein RAAM, an dem zwei Athleten fast punktgleich antraten. Man darf diese Konstellation nicht unterschätzen: ein Rennen ohne direkten Gegner ist meistens schwieriger als der Kampf Mann gegen Mann. Umso tragischer, dass Dani die letzten Meilen gegen ein Phantom kämpfte: Als das Team um den Sieg bangte, hatte der Gegner das Rennen bereits aufgegeben.

PURER PR-PLAN ODER KLEINMUT? Es gibt viele Varianten, das Verhalten Robics zu erklären. Vielleicht war er einfach nur mit den Nerven am Ende und konnte nicht mehr. Vielleicht war die Aufgabe auch ein Befehl von oben, als Höhepunkt einer Propagandakampagne, die bereits Tage zuvor begonnen hatte. Zwar starteten Robic und seine Leute als Privatleute am RAAM, aber sie sind Sportsoldaten des slowenischen Militärs. Selten hat sich ein Robic-Team so viele Navigationsfehler geleistet wie 2009. Einige kosteten Rennzeit, mindestens einer sogar Penalty-Zeit. Die Summe ihrer Fehler inklusive dem Eklat vor dem Start brachten die Slowenen um alle Siegchancen. Teamchef Uros Velepech amtiert auch als Coach des Biathlon-Nationalteams. Vielleicht haben es Sportsoldaten in Slowenien schwerer als zivile Sportler, wenn sie verlieren. Vielleicht gibt es im Militär und in den Sportkadern Karrieren, die durch Niederlagen in Gefahr oder zumindest in Unannehmlichkeiten geraten könnten. Vielleicht war diese Aktion eine stringente Public-Relation-Strategie. Das alles ist denkbar.

Denkbar ist aber auch, dass Jure Robic seinem Kontrahenten den Triumph nicht gönnen wollte, vor ihm anzukommen. Dass er ihn wie aus Verachtung leer ins Ziel fahren lassen wollte. Dass er ihn als Champion nicht akzeptierte, weil er ihn schon als Herausforderer nicht für voll nahm. Vielleicht ist Jure Robic ein sehr guter Radfahrer, aber ein lausiger Sportsmann.

Robic ist vierfacher Sieger des RAAM, aber ist er ein Champion? Als er einen Tag später hinter dem Ziel auftaucht, um seinem Landsmann Marko Baloh, der Dritter wird, zu gratulieren, schüttelt er auch dem Zweiten, Gerhard Gulewics, und Dani die Hand. Jemand sagt dann zu ihm: «Wenn du ein Champion bist, kehrst du jetzt um nach Mt. Airy, setzt dich aufs Rad und fährst hierher. Sonst bist du keiner.»

«Die Einsamkeit des Langstreckenläufers»: Zum ersten Mal seit acht Tagen ist Dani einmal ganz alleine.

Zwar war es ein perfektes Rennen für die Schweizer. Doch das Race across America – die Mutter aller Radrennen, unerfüllter Traum Tausender Radsportler auf der ganzen Welt und erfüllter Traum von ganz wenigen, ein einzigartiges Rennen aussergewöhnlicher Sportler und Helfer, die ihre Leidenschaft leben und wie eine grosse Familie zusammenhalten – hat durch die Umstände im Hintergrund Schaden genommen. Vielleicht hat das RAAM seine Unschuld verloren. Vielleicht wird RAAM nie mehr so sein, wie es war.

Robic führt am Abend des 26. Juni auf www.jurerobic.net eine Pressekonferenz durch, an der er seine Anschuldigungen gegen Dani Wyss verliest. Er scheint bei der Ursachenforschung für sein Scheitern überall fündig geworden zu sein – nur nicht bei sich selbst und seiner Crew. Dieses skurrile Tribunal wirkt wie ein lautes Stöhnen einer total verstörten Seele. Die

Liste von Danis angeblichen Verstössen ist lang. Sie reicht vom Überfahren von Rotlichtern und Stoppschildern über Anschieben aus dem Auto bis zu unsittlichem Verhalten der Crew. Dazu zeigt man eine Reihe von angeblichen Videobeweisen. Der später am häufigsten auf Youtube angesehene Spot war der, auf dem zwei Damen aus dem Team Dani Wyss irgendwo an einer Landstrasse in Ohio auf Dani warten, mit einem Handtuch ihren String-Tanga bedecken und das Textil hinten kurz anheben, als er vorbeifährt.

Auf wohlgeformter Haut steht G-o Da-ni geschrieben und Dani, kein Kostverächter, verpasst dem G im Vorbeifahren noch einen Klaps, «mit letzter Kraft», wie er später grinsend versichert. Die filmenden slowenischen Soldaten wiederum haben sichtbar Vergnügen an dieser Beweisführung, was jedoch in den Filmbeiträgen unerwähnt bleibt. Selbst die in solchen Dingen nicht gerade als ultra-liberal bekannten Amerikaner schmunzeln, als Robic der Rennleitung diesen angeblichen Verstoss gegen die guten Sitten auf Video vorführen lässt.

So gehen ein unglaubliches Rennen und eine nicht weniger unglaubliche, unrühmliche Geschichte auf amüsante Weise zu Ende.

Das Rennen seines Lebens ist vorbei – aber
im Herzen wird es ewig dauern.

SOLUTIONPROVIDERS
RACE ACROSS AMERICA
RAAM
SFS

RAAM 2009 final Results – solo male

1. Dani Wyss (SUI) 8d05h45m (15,28 mph)
2. Gerhard Gulewicz (AUT) 8d22h54m (14,06)
3. Marko Baloh (SLO) 9d21h44m (12,71)
4. Christopher Gottwald (USA) 10d12h46m (11,95)
5. Kevin Kaiser (USA) 10d17h03m (11,75)
6. Jim Rees (GBR) 10d20h25m (11,58)
7. Claudio Clarindo (BRA) 10d22h25, (11,51)
8. Richard Newey (GBR) 11d0h10m (11,44)
9. Ben Popp (USA) 11d1h12m (11,39)
10. Daniel Rudge (USA) 11d5h23m (11,22)
11. Michael Cook (USA) 11d12d5m (10,94)

DNF: Jure Robic (SLO), Peter Oyler (CAN), Tony O'Keeffe (CAN), Christoph Strasser (AUT), Franz Preihs (AUT), Julian Sanz Garcia (ESP), Jean Marc Velez (FRA), Bill Bradley (USA), Patrick Autissier (FRA), Scott Luikart (USA),
Solo male 50–59: DNF Hermann Bachmann (SUI)

Fotos

asm: Umschlagklappe. Alpine Photography, LLC: 15, 40, 42, 49, 51, 89, 118, 135, 137, 138, 141, 143. Andrej Petrovic: Umschlagtitel. Fotolia: 59, 60, 63, 64. Perry Stone: 20, 67, 72, 79, 87, 90, 95, 101, 108, 111, 113, 114, 115, 116, 120, 125, 128, 133. Swissteam RAAM 2008: 9, 10, 13, 22/23, 84/85, 103, 122/123. Team Dani Wyss: 7, 17, 19, 25, 27, 28/29, 30, 35, 37, 38, 41, 45, 46/47, 54, 69, 75, 77, 83, 92, 97, 98, 105, 127, 130, 131, Umschlagrückseite. Teammedia: 57.

Links

Andrea Clavadetscher: www.clavi.ch
Christian Hoppe: www.hoppechristian.ch
Christoph Strasser: www.christophstrasser.at
Dani Wyss: www.wyssdani.ch
Gerhard Gulewicz: www.gerhardgulewicz.net
Race across the Alps (RATA) www.raceacrossthealps.at
Race across America (RAAM): www.raceacrossamerica.org
Swissteam RAAM 2008 (Johannes Kornacher): www.swissteamraam.ch
Tortour de Suisse: www.tortour.ch
Schweizer Radmarathon: www.radmarathon.ch
Ultra Marathon Cycling Association (UCMA): www.ultracycling.com
Viktor Roethlin: www.viktor-roethlin.ch